Marica Bodrožić
Pantherzeit
Vom Innenmaß der Dinge

Marica Bodrožić

# Pantherzeit

Vom Innenmaß der Dinge

OTTO MÜLLER VERLAG

Die Drucklegung dieses Buches wurde gefördert
durch die Kulturabteilungen von Stadt und Land Salzburg.

2. Auflage
www.omvs.at

ISBN 978-3-7013-1287-0

© 2021 OTTO MÜLLER VERLAG SALZBURG-WIEN
Alle Rechte vorbehalten
Satz: Media Design: Rizner.at
Druck und Bindung: Florjancic Tisk
Umschlaggestaltung: Leopold Fellinger

Man verändert die Dinge nicht, indem man gegen die bestehende Wirklichkeit ankämpft. Um etwas zu ändern, muss man ein neues Muster erschaffen, das das bestehende hinfällig macht.

*Richard Buckminster Fuller*

Der Panther. Paris. Im Jardins des Plantes

Sein Blick ist vom Vorübergehen der Stäbe
so müd geworden, dass er nichts mehr hält.
Ihm ist, als ob es tausend Stäbe gäbe
und hinter tausend Stäben keine Welt.

Der weiche Gang geschmeidig starker Schritte,
der sich im allerkleinsten Kreise dreht,
ist wie ein Tanz von Kraft um eine Mitte,
in der betäubt ein großer Wille steht.

Nur manchmal schiebt der Vorhang der Pupille
sich lautlos auf –. Dann geht ein Bild hinein,
geht durch der Glieder angespannte Stille –
und hört im Herzen auf zu sein.

*Rainer Maria Rilke*

Der Frühling ist gekommen. Seine Schönheit und sein Licht sind überirdisch wirksam. Mit der wärmenden Sonne ist unsere Innenzeit einhergegangen. Auf der ganzen Welt sitzen die Menschen in ihren Wohnungen fest. COVID-19 hat uns alle auf die gleiche Weise getroffen: als atmende Einzelwesen, die mit dem empfindlichsten Organ ihres Körpers mit allen anderen Einzelwesen verbunden sind. Vielleicht haben wir das vergessen, diese Verbindung, die die Luft uns zuweist. „Alles, was man vergessen hat", schreibt Elias Canetti, „schreit im Traum um Hilfe." Diese Pandemie trägt traumhafte Züge, sie fühlt sich auf eine merkwürdige Weise zeitgleich wirklich und unwirklich an, sie agiert nach Gesetzen, die wir nicht oder noch nicht genau genug kennen. Sie hat die Regie über unsere Gedanken übernommen. Aber es gibt immer noch die Innenwelt, den Blick, der mitgestaltet, weil er genauer sieht und ein Sehen ermöglicht, das alles ändern kann.

Meine Innenwelt möchte dieser äußeren Regie der kollektiven Gedanken widerstehen, ich kann sie lesen, das genügt; also verschlingt sie mich auch nicht. Eine starke Ruhe kehrt in mich ein. Mein Kind sieht mich in diesem Augenblick an, in dem sich alles in mir neu sortiert. Gregor schaut erst unsere Tochter, dann lange und ausdauernd mich an. Ohne zu sprechen wissen wir beide, was wir in diesem Augenblick denken. Denn so viele Jahre haben wir uns immer wieder gefragt, was in unserer Zeit an der Stelle eines Kriegs auf uns zukommen könnte, das unser aller Leben verändert. Wir haben über Wasserknappheit nachgedacht, über Klimakatastrophen, über die Gier der wenigen Reichen, über Diktaturen. Aber so etwas haben wir uns nie vorstellen können. Jetzt ist eine Zeitenwende da, und wir sind ihr Anfang, der anderen einmal Geschichte sein wird. Es könnte lange dauern, denke ich. Mein inneres Leben greift gleichsam von alleine auf tiefere Flüge der Seele zurück, die Brücke ist einmal mehr das Buch, diese Welt aus Blättern, die mir schon so viele Male das Leben gerettet hat, die mich zum Atem geführt hat, der aus der Ruhe kommt. So auch jetzt, es finden mich Texte und Sätze und Lieder, die mich aufrufen, in mir die Landschaft der Seele weiten und wachsen zu lassen, das zu stärken, was immer schon geweitet werden und immer schon wachsen wollte. Denn jetzt ist diese Zeit des Wachsens und des Werdens. Ich lese, magnetisch davon angezogen, in Hans-Werner Henzes „Phaedra-Werkbuch" die Zeilen aus Christian Lehnerts Libretto, da spricht Minotauros im „König der Wälder" die Zeilen, die mir diese Innenzeit aus dem Herzinnenraum stützen: „Der Tag rennt über das Gebirge, Erscheinung/ eines unvollendeten Sees, dunstiger Spiegel./ Wir sind nackt geboren. Wir dringen/-zur Sterblichkeit vor und tanzen./ Wir drehen uns, drehen, wie ein Uhrwerk,/ wie ein Vogel kreist,/ der den Widerstand/ des Todes unter den Schwingen fühlt und schlägt,/ singt und schlägt, wilder als alles Vergängliche." Minotauros ist ein Mischwesen aus Tier und Mensch, das dem Mythos nach von König Minos in ein Labyrinth verbannt wird, da sich seine Ehefrau dem wilden Stier hingab. Mit Hilfe des Ariadnefadens fand Theseus einen Weg durch das Labyrinth und tötete den Minotauros. Befinden auch wir uns in einem Labyrinth? Der symbolisch im Unsichtbaren unserer Zeit und in unserem Körper wirkende Minotauros, der Menschenfresser, wie weit wird er gehen? Und was will er eigentlich mir erzählen, wenn ich vom „wir" zum „ich" gehe und zum „du" und wieder zum „wir" und zurück zum „ich" im Denken zurückkehre und aus der Verschmelzung heraus die Verbindungslinien abtaste?

Seit ein paar Tagen sind die Zeilen von Rilkes Panthergedicht Teil meiner Berliner Luft. Nur kurze Zeit nach Ausbruch der Pandemie, als ich mit Gregor am Esstisch saß und unsere Tochter schlief, kam das Gedicht mir mit einer solchen Nachdrücklichkeit in Erinnerung, dass ich es nachlesen musste. Die Stadt stand still wie im Traum. Blitzartig trat in meinem Bewusstsein die Empfindung auf, alle meine Nachbarn dazu einzuladen, es jeden Abend um 20 Uhr auf unseren Balkonen zu sprechen. Gregor zog sofort seinen Conrady aus dem Bücherregal. Im Haus, das wir in einem jahrelang währenden Prozess mit unseren Nachbarinnen und Nachbarn gebaut haben, leben an die hundert Leute und mittlerweile sind Kinder zur Welt gekommen. Die Tage zuvor hatten die Menschen in Italien auf ihren Balkonen oder am Fenster gesungen. Freunde und Bekannte, denen ich von Rilkes „Panther" erzähle, lesen das Gedicht jetzt auch in Tel Aviv, Bremen, Basel, Sieversdorf in Brandenburg, Frankfurt am Main und St Andrews in Schottland mit. Endlich ist es also Zeit für Gedichte. Meine Freundin Regina ist sofort mit der Tiefenlandschaft Rilkes verbunden. Die Gnade der Freiheit ist größer als das unersättliche Volumen unserer Wünsche. Regina weiß das, sie weiß, dass Gedichte einem das Leben retten können. Ich sehe in der Pantherzeit eine Phase der vielfachen Spiegelungen, es ist eine gebündelte Zeit, Zeit in Zeit gelegt, damit wir sie umblättern. Paul Celan hat eines seiner Gedichte „Corona" genannt. „Es ist Zeit", heißt es darin. Ich will schauen lernen und sehen, was die falschen Wünsche machen und was der Spiegel meiner Zeit mir sagt. Denn ein jeder von uns ist diese Zeit. Wir sind inneren und äußeren Uhren ausgesetzt. Wir sind Mitarbeiter am Uhrwerk der Welt. Von Anfang an spüre ich, dass meine eigenen Lebensthemen, auch der seit Anfang des Jahres auf sich aufmerksam machende Schmerz in meiner rechten Hand, noch dringlicher auf ein Hinhören pochen. Das Persönliche ist immer auch ein Ausschnitt des Ganzen. Das mag auf den ersten Blick unbehaglich sein, da wir unser Ich dabei zu verlieren glauben, aber auf den zweiten Blick ist es noch unbehaglicher, das Unbehagen bleibt, lange. Denn das Ich verwandelt sich, ohne uns zu fragen – weil es uns kennt. Es dauert, bis das Unbehagen in Wissen übergeht. Teile davon verschwinden aber auch zugunsten eines neuen Selbst, das uns der Schmerz, der Verlust und die Not zuspielen. Wilder als alles Vergängliche ist unser Wunsch zu leben. Die Verwandlung bleibt nicht aus. Der Schmerz, die Verletzlichkeit, die Krankheit sind oftmals ihre Fürsprecher. Wir verwandeln etwas in uns in winzigsten Augenblicken, das Jahre, manchmal Jahrzehnte in uns gewirkt hat. Dann dreht sich der Wind in unserem Geist, die Seele fängt an zu sprechen. Pantherzeit ist Seelenzeit. Die Seele ist jenes Epizentrum in uns, das Stefan Zweig in seinem Aufsatz über Sigmund Freund mit Kraft und Widerstand in Verbindung gebracht hat, als er schrieb: „Das sicherste Maß jeder Kraft ist der Widerstand, den sie überwindet." Etwas stürzt um und wird wiederaufgebaut. Neu. Es hört für immer auf, uns zu schonen. Anders als vorher. Anders schon dadurch, dass es uns überrascht hat. Und da ist. Unwiederbringlich. Was wird jetzt in uns, mit uns und für uns überwunden? Der Spiegel und seine Versprenkelungen sind eine Sprache, so, wie auch der Traum eine Sprache ist, über den Sigmund Freud sagte, es sei der Königsweg zum Unbewussten. Wege und Umwege sind meine Lebensbücher. Eine Lektüre, die Vergangenheit, Gegenwart und Zukunft ineinander bündelt und in ein Bild führt, ist mehr als ein äußerer Ort je sein kann. Wege und Umwege sind Abbilder unseres inneren Seins. Das Labyrinth legt sich nie schlafen. Ich denke an einen ersten Gedanken zurück, der in mir aufstieg, als ich Gregor kennenlernte und das begann, was bis heute unsere Liebesgeschichte ist: dass ich jeden Schmerz, jeden Umweg, jeden Hunger, jede Not noch einmal freiwillig erleben würde, wenn dies die Bedingung dafür wäre, ihn in diesem Leben treffen zu dürfen. Und nun sind wir gemeinsam mit unserem Kind eingeschleust in diese zersplitterte Zeit, in der ich mit keinem anderen Menschen so leben, so bestehen könnte wie mit ihm. Ich bin dankbar, dass ich dankbar sein kann.

Merkwürdigerweise steigt dieser Tage zeitgleich zu meiner Dankbarkeit allabendlich in großer Deutlichkeit meine sozialistische Kindheit mit Rilkes Worten in mir auf, jene Zeit der blauen Schuluniformen, der Pioniersterne und des tagelangen Hungerns, die sich mir, je länger der Ausnahmezustand dauert, als ein innerer Ort der verdichteten Stille zeigt, auf die ich zurückgreifen kann, wie man mit nackten Füßen auf einer Sommerwiese geht. Dieses Gefühl verbindet mich mit meiner ureigenen geistigen Arche Noah. Was wird vom Alten für das Neue überleben, was mitkommen auf die andere Seite der Zeit? Meine Mutter kommt mir in den Sinn, ein Bild von ihr, wie sie zwei junge Schlangen tötet, die sich in der Sonne eines Sandbergs vor unserem dalmatinischen Haus niedergelassen haben. Schlangen gelten hier als das Böse. Aber wie Mutter auf sie einschlägt, sieht es für mich wie Sünde aus. Was wird mir dieses Bild und die Frage nach dem Erbe der Zeit noch alles erzählen wollen? Schwarze Schlangen, diese Hüterinnen der Schwelle, ich habe sie nie vergessen. Getötete, tötende und heilende Schlangen: ich habe Kunde von allen.

Das Jüdische Museum in Berlin baut seit zwei, drei Jahren für ein Kinder- und Jugendmuseum eine riesige Arche Noah aus Holz. Diese Koinzidenz, mit Blick auf die leeren Büroräume des Museums in der alten Blumengroßmarkthalle, auf die ich jeden Tag schaue, ist in meiner Innenwelt ein großes Ereignis. Überhaupt ergreift mich das in den Jahren der Einsamkeit eingeübte Erstaunen über die präzisen Verstrebungen von Innenwelt und Außenwelt mit immer größerer Vehemenz. Die Arche Noah des Jüdischen Museums gleicht ein bisschen den visionären Entwürfen des amerikanischen Architekten Richard Buckminster Fuller. Fast kann ich über ihr seine geodätische Kuppel sehen, eine Art spirituelle Biosphäre, in der das zu rettende Erbe in meiner Vorstellungskraft seinen Platz in der Luft erhält. Wir atmen diese Luft ein, die uns Leben ist und Raum und Zeit und Geschenk. Heute habe ich wieder, wie mit noch nie dagewesener Kraft, das Aufsteigen neuer, starker Gedanken in mir beobachtet. Die Gnade und das Geschenk sind gute Gründe, dankbar zu sein auch für das Allerkleinste.

Die Dankbarkeit fühlt sich aber auch manchmal, wenn ich spazieren gehe, geradezu verboten an, denn dankbar bin ich auch dafür, dass die Stadt uns Fußgängern und Fahrradfahrern wieder oder überhaupt zum ersten Mal in unserem bisherigen Leben richtig gehört. Ganze Straßenzüge um den Checkpoint Charlie, diese Chiffre sinnloser touristischer Unternehmungen, bei denen die Weitgereisten recht besehen gar nichts sehen – warum also nicht gleich in der sanften Vorstellungskraft reisen? –, sind leer; eine ursprüngliche Schönheit zeigt sich mir darin, weil niemand mit dem Auto und kaum jemand zu Fuß unterwegs ist. Ich sehe einmal, in den frühen Morgenstunden, in der Leere der Straßen plötzlich die Tiefe der Geschichte aufscheinen, als ein im Raum harrendes Herzensecho der Schicksale und Gefährdungen all jener, die in dieser einst geteilten Stadt und an dieser Straße und an diesem Checkpoint einmal standen, als es um alles ging – um ihr Leben.

Jetzt, anders gelagert und doch, geht es in diesem seelenwetterwendischen Frühling um alles, was wir sind, wie wir leben und atmen und auch darum, wie wir weiterleben und weiteratmen wollen. Ich lerne nun noch genauer, auch die leiseste Regung in mir zu lesen. Und wenn ein Mensch sich in der Ferne zeigt, steigt in mir das gleiche wie in der von Einsamkeit geprägten Kindheit lieb gewordene Erkennen des Anderen als atmendes Gegenüber auf. Auch dafür empfinde ich nun Dankbarkeit, dass da einer geht und steht und in den Himmel guckt. Da, da geht ein Mensch, sage ich meiner Tochter, die vorne auf dem Fahrrad ganz nah bei meinem Atem sitzt. Ja, sagt sie, ja. Jetzt sind unsere Lungen nicht nur an ein unsichtbares Pneuma angebunden, sie sind auch potenzieller Austragungsort des Virus, der uns unheimlich ist und uns ungeahnten Gefährdungen aussetzt – und wir können kein Widerwort leisten, der Wind geht, wie er will und der Geist sieht uns an wie er will. Unsere Lungen, sie sind uns also Lebenszeichen und Verhängnis in einem geworden. Kommt es jetzt mehr denn je darauf an, wie wir atmen und was wir sagen und wie wir es, in welchem Atemmodus, zum Ausdruck bringen, was wir denken und was wir fühlen? „Der Atem nimmt sich unserer Schwachheit an", heißt es im Römerbrief des Paulus. „Denn wir wissen nicht, worum wir in rechter Weise beten sollen, der Atem selber tritt jedoch für uns ein mit Seufzen, das wir nicht in Worte fassen können."

Alles ruht. Die Luft scheint befreit von unseren Sorgen. Obwohl sich so viele Menschen gerade jetzt Sorgen machen, ist eine neue Leichtigkeit vernehmbar. Der Himmel ist zur Pantherzeit überaus klar.

Auch die Gedanken der Menschen scheinen zur Ruhe gekommen zu sein, einzeln vernommen, haben sie wirkliches Gewicht, sprechen sofort zu mir, bieten sich, da alle im Außen leise und unsichtbar geworden sind, als begehbare Kontinente an. Igor aus Belgrad schrieb mir, er lese jetzt zum wiederholten Male „Die Pest" von Albert Camus, es gefalle ihm jetzt besser als vor vielen Jahren. Er, der das Glück hatte, lebend dem belagerten Sarajevo zu entkommen, sieht das Ende jener Epoche eingeleitet, die 1990 mit den jugoslawischen Kriegen begann und nun, in diesem göttlich klaren Frühling 2020 mit einer Pandemie zu Ende geht, die uns ausnahmslos alle betrifft. Die längste Belagerung einer Stadt im Zwanzigsten Jahrhundert, die 1425 Tage währte, konnte noch dem einen oder anderen von uns egal sein. COVID-19 ist niemandem egal, jeder ist vom Virus potenziell betroffen und eingeschränkt.

Wir nehmen mitten in der Pandemie Abschied von der alten Zeit und in diesem neuen Zeitzwischenraum sind wir nun Menschen, wie wir noch nie Menschen waren. Ich lese zufällig, ein Zufall, der wieder einmal Fügung ist, seit ein paar Wochen Ossip Mandelstam, der in einem stalinistischen Lager bei Wladiwostok ums Leben kam. In seinem am 4. Mai 1937 für seine Frau Nadeshda geschriebenen Gedicht „Die leere Erde unwillkürlich rührend" notiert Mandelstam: „Denn alles wird auf immer neu beginnen." Wenn es ihm möglich war, in jenem Jahr, in dem Stalins Großer Terror einsetzte, eine solche Zeile zu schreiben, dann ist es mir hier und heute möglich, diesem Satz zu vertrauen, ihm zu glauben. Denn was können wir heute tun, da wir nicht einmal mehr wissen, was „unsere Metamorphosen" und „unsere Mythen" sind, die Joseph Brodsky erwähnte, als er Mandelstam einen modernen Orpheus nannte: „Er wurde zur Hölle geschickt und kehrte nicht zurück, während seine Witwe, ein Sechstel der Erdoberfläche durchmessend, von einem Schlupfwinkel zum nächsten flog, den Kochtopf fest an sich gedrückt, in dem zusammengerollt seine Gedichte lagen, die sie sich nachts immer wieder hersagte für den Fall, dass sie von Furien mit einem Durchsuchungsbefehl gefunden würde. Dies sind unsere Metamorphosen, unsere Mythen."

Ich weiß nur zu gut, dass wir alle sterblich sind. Aber ich weiß auch, seit drei, vier Tagen kommt mir dieser Gedanke immer wieder so, wie die Sonne aufgeht: Ich habe ein Schicksal und ich lebe im Frieden. Meine Metamorphosen, meine Mythen sind an innere Schauplätze gebunden, dort, im Geistigen, harren die Verwandlungen meiner Arbeit an der Biografie. Von Kindheit an habe ich bei jedem Abschied gelernt, dass mein Inneres ein erlebbares Land ist (so wie es, davon bin ich überzeugt, für alle Menschen in der Kindheit der Fall war), dass ich viel alleine unternehmen kann in diesem weitverzweigten Land, aber dass das nicht reicht für das, was wir gemeinhin Leben nennen, dass das Teilen mit einem anderen Menschen das Wichtigste ist – nur so ist mein Leben wirklich und wahr. Kinder spielen heute nicht mehr Knöcheln mit den Wirbeln verendeter Tiere, wie sie Mandelstam in einem seiner Gedichte sichtbar gemacht hat. Aber auch für uns und die Kinder unserer Zeit endet nun das, was er die „zerbrechliche Zeitrechnung unserer Ära" genannt hat und von der wir, anders als Mandelstam, geglaubt haben, es stehe uns für immer zu. Nun aber ist das aussprechbar geworden, was ich früher nur zu schreiben vermocht habe. Alles ist ein unermessliches, ein freiwilliges Geschenk. Jedes Lächeln, jeder Apfel, jedes Buch, auch jeder Satz, den einst ein offener Mensch uns sagte, vor allem aber das Leben selbst, diese rätselhafte Natur in uns, die uns stets weitermachen lässt in Wildheit und Sanftmut, in Wahrhaftigkeit und in Lüge, in Freiheit und in Krankheit, in Not und in der Wärme einer Landschaft, in wundersam wiederkehrender sommerlicher Weite. Mit einem Mal geht alles anders, wird neu, das Alte scheint auch im Denken abzusterben. Selbst das Geld wird anders verteilt, jetzt, da wir von Tel Aviv bis Basel und Belgrad, von Split bis Columbus, Ohio und ins kalifornische Berkeley in der mehr oder weniger gleichen Lage sind. Zimmerreisende sind wir innerhalb weniger Tage geworden, wir wachsen innen, so wie die Zimmerlinden schon seit immer wachsen. Mit jenen zusammen, denen wir über die Jahre hinweg zu vertrauen gelernt haben.

Ich bin froh, dass ich Papier und Tinte zu Hause habe und dass es mir wieder gelungen ist, meine Tochter friedlich in den Mittagsschlaf zu begleiten, ohne dass sie geweint hat, was sie macht, wenn sie zu müde ist, zu viel erlebt hat oder die Zähne sich melden. Heute hat sie sich an mich gelehnt und im aufkommenden Schlaf hat sie nach meiner Hand gegriffen, wie um sich zu versichern, dass ich noch bei ihr bin. Ihre kleine Hand, diese große Lehrerin meines Lebens, hat mir in den neunzehn Monaten unseres Beieinanderseins so viel über Güte beigebracht wie es weder Buddha noch Jesus, die meine mir nächsten Herzensgewährsleute sind, bisher gelungen ist. Ich erinnere mich an die unerbittliche Erschöpfung in den ersten zwei, drei Monaten nach der Geburt meiner Tochter. Freundinnen hatten mich darauf vorbereitet. Meine Tochter kam in jenem Jahrhundertsommer 2018 zur Welt, der mir heute wie ein Vorbote dieser seelisch aufgeheizten Innenzeit erscheint. Eines Nachts, als meine Tochter ein paar Wochen alt war, war ich so erschöpft, dass ich in Tränen ausbrechen wollte, die Müdigkeit hielt mich gleichsam so fest umklammert, als sei sie mein eigentlicher Körper geworden. Ich widerstand den Tränen, irgendetwas in mir wehrte sich dagegen, sei nicht so weinerlich, hörte ich in mir meine eigene

Stimme, die den Tränen Einhalt gebot. Ich sah zu meiner rechten Seite und erblickte die winzig kleine Hand meiner Tochter und dachte: Ich diene dieser kleinen Hand. Sogleich ging die Schwäche in eine tiefe Liebe über, und die dann geweinten Tränen waren ein anderes Wasser. Ich spürte, dass etwas wesentlich neu in mir geworden war. Wie einst in der Kindheit sah ich, dass nicht unser Ich das Wesentliche ist, sondern dass aus unserem ureigenen Selbst Liebe für ein anderes Wesen wirklich möglich ist. Einst hatte ich diese Hingabe gespürt, wenn ich die Füße meines Großvaters im Lavabo wusch, wenn ich ihn mit seinem einfachen Rasierer von seinem Bart befreite oder ihn an- und auszog, wenn er krank war und sich selbst nicht mehr helfen konnte. Damals war das Kind in mir zu allem bereit und nun erinnerte mich meine schlafende Tochter wieder daran, dass ich noch viel mehr Kraft aufbringen konnte als ich bisher geglaubt hatte. Woher kommt sie, diese wilde, schöne, unsterbliche Kraft? Je größer das Geheimnis, desto wundersamer seine Strahlkraft. Auch jetzt, jeden Abend um 20 Uhr ist sie da, eine Art innere Sonne, Bereitschaft, nicht im Alten zu verharren. Meine Pantherzeit. Die Anwesenheit eines Dichters, der so viel vom Verzicht, vom Schmerz und von der Not wusste und seinen inneren Weg im Außen mit Sprache sichtbar gemacht hat. Nun ist er bei uns, über die Zeiten hinweg hat sich seine im Lebensatem errungene Poesie erhalten. Weil wir offen geworden sind, von der Gefahr umzingelt, die nun seit ein paar Wochen zu uns allen auf die gleiche Weise spricht, können wir seinem Atem nachreisen und seine Worte sprechen, ohne uns lächerlich vorzukommen. Was auf der jetzt entstehenden geistigen Arche Noah strandet, erfüllt mich mit der Kraft der Dankbarkeit, Rilke kommt mit, Rilke und seine Worte: „Ich habe keine Furcht vor dem Krankhaften, denn ich will es nicht festhalten, sondern nur durchmachen und überstehen." Diesen Satz von ihm hatte ich mir vor vielen Jahren aufgeschrieben, als meine rechte Hand wehtat, wie sie jetzt wieder wehtut, unerbittlich, sodass jeder Buchstabe ein Anklopfen beim Schmerz ist. Aber ich schreibe weiter, dieses Mal werde ich mich nicht fügen, sondern mit dem Schmerz gehen, mit ihm das verstehen, was sich meiner Sprache entzieht. Das Virus ist jetzt zudem in unser aller Denksphäre eingezogen, noch bevor es unseren Körper ins Visier genommen hat. Was kann ich tun, wenn ich gar nichts tun kann? Immer werde ich in Momenten der Ohnmacht wieder zur kleinen Pionierin aus der sozialistischen Kindheit und denke, nun kann sich niemand mit Geld von dieser Gefahr freikaufen. Eine andere Währung kursiert jetzt in der Welt, auch wenn das Kapital an ihr nagt, sie ist nicht mehr aus dem Leben wegzudenken: die Seele ist erwacht. Alles, was uns innerlich ausmacht, kommt nun zum Tragen. Die Seelenwelt des unbeweisbaren Innenkerns, sie erscheint nun in unseren Worten, in allem, was wir dieser Tage tun – das Unnötige, es fällt mir auf, weil es wegfällt.

Ich diene weiter der kleinen Hand, die mein Kind mir hinhält. Plötzlich tragen alle einen Mundschutz, und die Spielplätze in der Stadt sind geschlossen. Meine Nachbarin Gillian hat ihrer Tochter erzählt, dass sie noch eine Weile wegen des großen Hustens geschlossen bleiben werden. Eine Formulierung, die auch wir übernehmen. Der große Husten, er will einfach nicht vorbeigehen. Wir sprechen auch sonst immerzu mit unserer Tochter, erzählen ihr alles, berichten, was wir in dieser Wohnung, in der wir seit ihrer Geburt leben, alles getan haben, dass wir kein Licht hatten, keine Heizung, keine Küche. Sie staunt. Unser schöner Teppich aus orange-geknüpften Fäden leuchtet, wenn die Sonne ihn streift, und unsere Tochter sagt immerzu ja, ja, so als sei es unnötig, sie darauf hinzuweisen, als sei alles schon in ihrem Bewusstsein abgespeichert, längst wahrgenommen in ihrer sprachlosen Zeit als Kleinstwesen, als sie auf unserem Sofa lag und der kalifornische Kuschelbraunbär neben ihr saß wie ein wildes Wunderwerk Gottes, groß, weich und überirdisch beeindruckend. Nun ist der Bär winzig, sie wächst, wir alle wachsen im Unsichtbaren miteinander. Wie sich jetzt herausstellt, hat die kleine Hand mir etwas Wichtiges beigebracht, das nun von elementarer Bedeutung für mich geworden ist. Nicht ein Mal war ich versucht zu weinen, seitdem die ganze Welt durch das Virus gefährdet wird. Statt zu weinen, handle ich. Vor allem in mir selbst. Und in dieser Konsequenz auch für meine Familie. Ich vertraue darauf, dass die Kraft reicht, und wenn ich müde bin, folge ich dem Ruf des Körpers, so als würde diese als Krise bezeichnete Zeit mir endlich den Druck nehmen und mich dahinführen, wo ich fortwährend echt bin. Wohin sollte ich jetzt auch gehen, alles findet mehr oder weniger in der Wohnung statt. Die Vögel fliegen weiter umher. Oder doch anders als letzten Frühling noch, in dem mich die Lautstärke der Busse und Autos belastete. Dieser Krach! Dieses laute Getöse, diese Stadt! Nun, da das Undenkbare Alltag geworden, ist es ruhig, wir hören nur noch die Vögel. Der Himmel leuchtet blau, als sei es so schon vor Jahrhunderten abgesprochen worden mit dem kosmischen Zeremonienmeister, der uns mit jeder im Außen verbrachten Minute vor Augen führt, wie schön die Blumen, die Bäume, die Sträucher sind.

Gestern hat meine Nachbarin Janine eine Sammelbestellung im Haus aufgenommen und ist zum „Holländer", einem Berliner Großmarkt für Pflanzen gefahren. Alle Pflanzenfreunde im Haus warteten sehnsüchtig auf ihre Rückkehr. Nach ein paar Stunden kehrte sie mit meiner weißen, hochwachsenden Hortensie zurück, um die ich sie, ohne viel

Hoffnung auf Erfolg, gebeten hatte. Ich hätte Janine am liebsten umarmt, aber auch das ist jetzt eine Übung im Geist. Das Erfühlte muss ich nun, wie unzählige andere Menschen auch, in mir selbst still als Handlung vollziehen. Ist das jetzt die messianisch anmutende Zeit, in der wir leben und von der jene geschrieben haben, deren Denken und Leben ich bewundere und mit meinem eigenen abklopfe? Wer aber ist der Messias? Vielleicht wir alle zusammen. Ausnahmslos jeder Einzelne. Nun lässt mich auch der Gedanke nicht mehr los, dass wir die seltene historische Gelegenheit haben, mit wachen Augen zuzuschauen, wie die alte Zeit von uns abgefallen ist und die wahren, tiefempfundenen, wirklich echten Umarmungen sich anfühlen. Ich glaube, das Wahre, das Tiefempfundene, das Echte wächst auf allen Ebenen unseres Seins gerade neu nach. Die entleerten Umarmungen und Küsse tun es vielleicht auch. Der Frühling ist uns vorausgegangen. Wir sind die Farben, die ihn nicht verraten dürfen.

Ich schaue auf die Hortensie und schätze mich dermaßen glücklich, sie auf meinen kleinen Austrittsbalkon im Arbeitszimmer stellen zu können, dass mir Janines Ausflug zum Pflanzenhändler nicht nur wie ein unfassbares Abenteuer erscheint, sondern auch als eine unendlich kostbare kleine Reise, die mich nun für immer mit ihr verbindet. Der Frühling scheint durch sie auch für mich gerettet. Seitdem die Hortensie da ist, fühle ich mich wieder mit der Welt verbunden. Dann fällt mir ein, dass ich noch einige neue Blumentöpfe brauche und Erde und Untersetzer und – all das erscheint in der alten Selbstverständlichkeit des Losgehens und Besorgens vollkommen unerreichbar, weit, weit weg, sodass es sich wie etwas aus einem Film anfühlt, den ich wieder anschauen muss, weil ich ihn irgendwann nicht zu Ende gesehen habe. Am Abend dann, nach der Pantherlesung um 20 Uhr, sehe ich Christian und Anke über den Lichthof hinweg, sie packen etwas aus, das nach Einkäufen im Gartencenter aussieht. Heute schon, nachdem wir uns zu dritt zum Einkaufen rausgewagt haben, ohne Schutzmaske, aber mit Schal vor dem Mund, wild entschlossen, Milch, Eier und Butter zu kaufen, habe ich wieder die Freiheit des Gehens empfunden. Ich plane jetzt selbst, zum Gartencenter zu fahren. Dieses Virus darf mir nicht meine frühjahrsgärtnernden Finger verbieten. Ich lebe. Oh ja, sagt meine Tochter und kann jetzt auch Noah sagen. Oh ja, sage auch ich, oh ja, Noah. Und noch immer staune ich darüber, dass ich für unsere Freundin Sarah zwei Kilo Kartoffeln gekauft habe, zwei Kilo Kartoffeln, die Gregor ihr morgen in aller Frühe auf dem Fahrrad bringen wird, da ihr Lieferdienst irgendwie keine oder keine guten Kartoffeln im Angebot hat. Auch das ist von einer Merkwürdigkeit, die mir vor einem Monat nur noch aus den Erzählungen meines Großvaters und aus

Büchern anderer hungernder Menschen bekannt war. Ich staune zudem nicht, als Sarah anbietet, uns bei der Kartoffelübergabe Schutzmasken zu geben. Ich bringe sofort die Kunde weiter. Wir freuen uns. Das kennen wir bisher nur aus Science-Fiction-Filmen. Jetzt ist es so normal, dass wir gar nicht mehr darüber nachdenken.

Keiner von uns weiß, wie lange dieser Zustand anhalten wird, diese wie aus der Filmatmosphäre der siebziger Jahre des letzten Jahrhunderts in unsere Welt hinübergeschleuste partikelweise flimmernde Zeit, in der ein neuer Druck, eine nie gekannte Dringlichkeit in allem als Spiegelung spricht. Vielleicht leben in der Luft gerade verschiedene Zeitschichten und sprechen sich ab, fließen mal hier-, mal dorthin, und dann wächst auch die Zeit irgendwann wieder in ihren Rhythmus hinein, so wie die echten Umarmungen nachwachsen. Die Bäume erholen sich unterdessen, die Autos und Busse und Lastwagen, die ich auf unserer Straße sonst von morgens bis abends und auch nachts gehört habe, sind nun weniger geworden, ruhen sich irgendwo aus, während die Natur sichtbar wird und mit jeder Stunde mehr zu sich kommt, in der wir sie endlich in Ruhe lassen. Die gute Luft beim Gehen, sie ist mir seit gestern das Zeichen einer wachsenden Freiheit, die mit der Unfreiheit einhergeht, die uns nun die Sicherheit bringt. Manchmal sind für

Minuten gar keine Autos zu sehen und das euphorisiert mich und meine Ohren, wenn ich vom Balkon, an den alten Stieleichen vorbei, in die Ferne sehe. Dieser Blick, der sich an jedem Menschen erfreut, der plötzlich aus dem vom klaren Licht umflorten Nichts auf der unserem Haus vorgelagerten Promenade erscheint, der ist in der einsamen Dorfkindheit entstanden. Wieder also eine Erfahrung der tiefen Anteilnahme, wieder und immer wieder neu Dankbarkeit, einen Spaziergänger zu entdecken. Jemand sagte mir, dass auch Hunde COVID-19 bekommen können und dass einige Hundebesitzer daraufhin sofort ihre Tiere ausgesetzt hätten. Eine Nachbarin aus dem Haus, das im Viertel als das Metropolenhaus bekannt ist, liest jetzt Hilde-Domin-Gedichte auf ihrem Balkon. Ich lese abends noch immer aus dem Mandelstam-Buch und denke an all die Menschen, die manchmal bis zu siebentausend Tage in sibirischer Gefangenschaft ausgeharrt haben und als Überlebende vom Schrecken dieser eisigen Zeit erzählen konnten. Das Erzählenwollen stärkte ihren Willen.

Auf dem Balkon trage ich nun jeden Abend um 20 Uhr Rilkes Panthergedicht laut vor, als hätte ich früher nie etwas anderes um diese Uhrzeit getan. Das Gedicht strukturiert meine Gedanken und lässt mich alles genau in Augenschein nehmen. Der Panther bin ich selbst, ich umlauere meine Erkenntnisse, als müsste ich mich noch eine ganze Weile vor etwas schützen, das mich kennt, das aber ich nicht kennenlernen will, weil ich noch keine Kraft dafür habe. Umso deutlicher schaut etwas in mir auf die Außenwelt. Ist es der gleiche Panther? Schenkt der innere Gefangene mir auf diesem Umweg die Fähigkeit, langsam ein Sehen zu erlernen, das später alles auch für mein Selbst ändern wird? Jedenfalls erstaunt es mich, die ich mich allabendlich über meine Mandelstam-Lektüre beuge, dass ein Berliner Essenslieferdienst sich gerade jetzt Kolyma2 nennt und damit an das berüchtigte Straflager des Gulags erinnert. Kolyma2? Sind wir Gefangene unserer eigenen Welt?

Während im Kolyma Sowjetrusslands in arktischer Kälte die Körper der gefangenen Menschen geschunden wurden, war die Literaturwissenschaftlerin und Schriftstellerin Lidia Ginsburg der neunhundert Tage währenden Belagerung Leningrads durch die deutsche Wehrmacht ausgesetzt, so lange, bis die Rote Armee am 27. Januar 1944 den Belagerungsring, der ein Menschheitsverbrechen war, sprengte. Letzten Frühling habe ich ihr Buch „Aufzeichnungen eines Blockademenschen" gelesen. Es handelt von Krieg, von der Stadt und vom Tod. Wir leben seit Jahrzehnten in Frieden, jedenfalls nennen wir das immer noch so, da keine Waffen auf uns gerichtet werden. Die Stadt und der Tod sind jetzt dennoch auch unsere Themen. Aber wir müssen nicht hungern, noch können wir alles kaufen. Nur können wir uns dabei infizieren. Die Menschen versuchen offenbar panisch, wenigstens über das Toilettenpapier Kontrolle zu erhalten und kaufen alles, was ihnen zwischen die Finger kommt. In den Supermärkten sind jetzt im Zwei-Meter-Abstand Streifen auf dem Boden angebracht, die dazu aufrufen, sich verantwortungsvoll zu verhalten. Vor ein paar Tagen war es noch undenkbar, aber jetzt halten sich tatsächlich alle daran. Der Tod ist nun nicht mehr nur eine Nachricht aus Italien, das jetzt eine einzige große Absperrzone geworden ist. Der Tod ist jetzt überall auf der Welt in Sekundenschnelle denkbar geworden. Auch der eigene Tod. Umso konkreter, ja existenzieller ist dabei aber auch jede kleine Hinwendung ins Menschliche. Meine Augen wandern zum Lichthof gegenüber, zu Anke, Christian und den Kindern. Es ist früher Morgen, ich habe beschlossen, mich zu schminken, jeden Tag, meine Haare zu kämmen, mich so anzuziehen, als sei jeder Gang innerhalb der Wohnung ein Fest für das Leben. Ich erinnere mich jetzt mit täglich wachsender Liebe an die Frauen von Sarajevo, an ihre Würde und ihre beständige Kraft, ihre Entschlossenheit, sich gut zu kleiden und schön zu sein, den Körper als Zeichen der Schönheit zu verstehen, gerade weil die Belagerer danach trachteten, ihn zu zerstören. Im Bad, noch ungeschminkt, höre ich, dass Gregor ein Geburtstagsständchen für unseren kleinen Nachbarn Augustin singt. Heute ist der Junge acht Jahre alt geworden. Von Lichthof zu Lichthof sehen wir einander an. Die fünfköpfige Familie schaut zu uns. Wir, zu dritt, schauen sie an und singen ihnen zu. Daran erschüttert mich plötzlich etwas so sehr, dass mir die Tränen in die Augen schießen. Bevor die anderen das sehen können, gehe ich wieder ins Badezimmer und trage stoisch meinen Lippenstift auf. Ich ziehe mich an. Die Tränen haben mich überrascht. Das Schöne tut fast noch mehr weh als das, was wir derzeit im Schmerz nicht ändern können. Der Ausnahmezustand. Er ist nun unser Normalzustand geworden. Gregor ist wie geplant in aller Frühe mit dem Fahrrad zu unserer Freundin Sarah gefahren und hat ihr die Kartoffeln übergeben. Sarah hat ihr Versprechen gehalten und Schutzmasken und Vinylhandschuhe aus ihrem Bestand abgezwackt, uns eine köstliche Schokolade meiner Lieblingsmarke dazugelegt, ein Überbleibsel aus der alten Zeit, die noch vor wenigen Tagen unsere Gegenwart war. Ein anderes Zeitalter ist da, denn wir freuen uns sogar über Schokolade, wie wir Kinder des Sozialismus uns auf alles Süße und Neue gefreut hatten, als der Eiserne Vorhang von heute auf morgen nur noch ein Begriff aus den Geschichtsbüchern war. Das Gesetz der Geschichte ist nun aber auch unser Gesetz geworden. Darin ist Unerbittlichkeit und Gnade in einem. Wir werden die Ausdauer wie ein wahres Gebet erlernen müssen. Ich bin bereit.

Heute kommt mir mein ganzes Leben wie eine einzige Vorbereitung auf dieses Gebet vor. Die Tiefe des Atems und des Innehaltens ist nun mein Weg geworden, den äußeren Dingen mit meiner Gegenwart zu antworten. Die Lungen, ich wundere mich jetzt, dass sie in den verschiedenen Sprachen einmal Einzahl und einmal Mehrzahl sind, sind das in der allmählich sich anbahnenden Belagerung zum Sprechen gekommene Organ unserer Freiheit. Die freie Luft des Einzelnen – sie ist nicht erst jetzt gefährdet. Das Virus zeigt auch, was wir falsch gemacht haben. Es ist ein Zustand voller Forderungen. Sich abzulösen von der Natur und sich selbst nicht für Natur zu halten, wird jetzt von der Natur und ihren Gesetzen revidiert. Wir sind alles, was wir sehen. Ein jeder von uns ist eingemalt in das große Gewebe des Seins. Auch wenn wir unsere Wildheit und das wilde Wunder des inneren Wissens allem Anschein nach vergessen haben, stören die Verbindungslinien sich nicht daran und ergreifen jede Gelegenheit zu sprechen.

Die Einbringungen der Natur, sie fallen mir jetzt wieder ein. Die letzten drei Jahre hörten wir wieder den Wind in vielfachen Stürmen. Wir gewöhnten uns an Regenfälle. Blitz und Donner. Alles war voll von diesen Wetternachrichten, die unübersehbare Veränderungen ankündigten und einen Himmel sichtbar machten, der von seinen neuen Sprachen zu uns Verbindung aufzunehmen versuchte. Es gab nie einen leeren Himmel. Das haben nur diejenigen geglaubt, die sich mit der Moderne den großen Atem abtrainiert haben. „Aufmerken und Gewöhnung, Anstoß nehmen und Hinnehmen sind Wellenberg und Wellental im Meer der Seele", schreibt einmal Walter Benjamin. Dieser Satz kehrt nun nach Jahren in meine Gedankenwelt zurück, strandet in mir wie der Minotauros in meinem Text, der den Wald sichtbar macht, das Labyrinth, das uns alle ratlos macht, bis wir lernen, dass es nach bestimmten Gesichtspunkten gebaut ist. Es zeigt uns, dass das Leben darauf pocht, es uns lesen zu lehren und das Alte hinter uns zu lassen, es als von allein Abgestorbenes nicht mehr zu lesen, weil ein neues Wetter da ist, ein neues Lebensalphabet. Ich weiß nicht, wie es anderen Menschen geht, aber mit mir redet das in Extremen sich äußernde Wetter immer auf eine sehr direkte Weise und verbindet mich fragend und tastend mit meinen inneren Landschaften. Im Vorbeigehen hörte ich einmal nach starken Regenfällen in Berlin, als die Leute in der Kreuzberger Yorckstraße schwammen, eine Frau sagen, Stürme passten doch gar nicht zu unserem Leben in den Städten. Die Natur wurde von ihr als Fremdkörper wahrgenommen. Das erstaunte mich sehr. Auch in der Stadt ist die Natur da, der Himmel, die Wolken, unsere Lungen, unser ganzer Körper, die Luft, alles ist Natur. Dennoch muss ich mich, während ich das denke, selbst daran erinnern, dass auch ich, dass mein Körper Natur ist.

Die Hitze des Sommers, jenes Jahrhundertsommers, in dem meine Tochter das Licht der Welt erblickte, war beachtlich – vierzig Grad im Schatten, ein Licht so gleißend, wie es in einem August nur in Europas Süden möglich ist, es war nun auch in Berlin wirklich. Auch damals erschien mir die Welt als eine durch die uns geradezu knetendwarme Luft nach innen verschobene. Die Bäume rückten gleichsam klarer in meinen Blick, wie Götter mit uralten vermittelnden Gedächtnissen. Ich bat sie, mich an ihrer Weisheit teilhaben zu lassen. Mit dem stetig wachsenden Kind in mir empfand ich unbändige Lust, barfuß zu gehen, die Erde zu spüren. Nach einem stundenlangen Regen zog ich endlich die Schuhe aus und spürte mit meinen Füßen die nach oben zu Waden, Oberschenkeln und Bauch aufschießende Wärme des Asphalts. Die Leere der Straßen, sie war damals anders als jetzt, trotz des Sturms war noch die Anwesenheit der anderen Menschen zu fühlen. Aber das Licht ist jetzt strenger geworden, es erinnert mich an die Stille der Hundstage in meinem dalmatinischen Dorf, wenn niemand mehr sich aus dem Haus wagte und alle sich vor der sengenden Sonne im Inneren der kühlen Steinhäuser schützten.

Auch denke ich jetzt nach der abendlichen Pantherzeit wieder an jenen Sommer, in dem Millionen Menschen weltweit auf der Flucht waren und auf der Suche nach einem neuen Zuhause. Jetzt sind wir alle nach innen geflüchtet. Wir schauen staunend nach draußen in die Welt, die noch vor Kurzem der Ort unserer Freiheit war. Hier in Berlin hungert niemand. Niemand ist bedroht vom Krieg. Wir wissen das. Auch wissen wir noch genau, wie es 2015 war, schwer war es für viele Menschen, etwas mit jenen zu teilen, die gar nichts mehr hatten. Nun wird eine neue Zeit kommen. Wir werden, auf die eine oder andere Weise, alles teilen müssen. Der Kapitalismus und seine Kurzzeitreizungen haben unsere Kraft zur Ausdauer unterwandert. Auch können wir auf lange Sicht nicht die Erbitterung dem Mitleid vorziehen, wie es etwa dem Zeugnis von Lidia Ginsburg nach die Menschen im belagerten Leningrad taten, wenn sie stundenlang verzweifelt auf der Suche nach Essbarem waren, aber am Ende immer zu wenig aßen und allmählich doch in ihren eigenen Wohnungen an Hunger und Kälte starben. Die Erbitterung jener, die für ihre Angehörigen, die schon schwächer als sie selbst waren, sorgten und die dann, mit langsam einsetzender Erkenntnis, schmerzlich begreifen mussten, dass sie doch nicht am Leben bleiben würden, setzte eine Verzweiflung in Gang, die auch damit zu tun hatte, dass die Toten nicht begraben werden konnten und wochenlang noch bei den Lebenden in den Wohnungen blieben.

Vedrana, die die längste Belagerung des Zwanzigsten Jahrhunderts überlebt hat, jene endlosen wie hoffnungslosen 1425 Tage, in denen die bosnischen Serben Sarajevo umzingelt hielten, ist jetzt, wie wir alle, auf ihre Wohnung in der Isolation zurückgeworfen. Damals im Krieg hat sie in den gleichen vier Wänden überlebt, in denen sie heute immer noch wohnt. Der Beschuss im Kriegszustand hat ihr Disziplin und die Fähigkeit zur inneren Sammlung beigebracht, so hat sie es mir einmal vor über zehn Jahren erzählt. Auf die Frage, wie es ihr jetzt gehe, schreibt sie mir: „Es geht mir gut. Ich übe mich in Geduld und innerer Sammlung." Wann werden wir auch anfangen, in diesen geistigen Kategorien zu denken – wir, die westlichen Menschen, denen der Ausklang des Zwanzigsten Jahrhunderts keinen Hunger, keinen Krieg und keine ökologisch bedingten Katastrophen gebracht hat? Da Geduld und innere Sammlung zu meiner Arbeit gehören, sind sie nicht erst jetzt auch Teil meiner Alltagsschritte geworden, auch wenn ich Anfängerin bin und es bleibe, denn am besten ist, wenn ich mich Übende nenne. Ich bemerke seit Tagen, dass ich auch jetzt dazu in der Lage bin, diese Übung fortzusetzen, Anfängerin zu sein und nun nicht mehr nur am Schreibtisch, sondern beim Kochen, beim Wäschewaschen, beim Einkaufen mit der Schutzmaske, Schülerin dieser Disziplin zu bleiben. Ich falle immer wieder aus der Gelassenheit heraus. Besonders die Maske macht mich nervös. Neulich bekam ich einen Riesenschreck, weil mir jemand in einem

Laden zu nah kam, als er das Regal neben mir auffüllte. Auch die Erschütterung durch das gegenwärtig vielfach vorhandene Schöne lässt mich vor dem Hintergrund und im Wissen um tausend Tote gestern und allein in Italien wie von innen erzittern, bei Sonne. Es ist ein metaphysisches Zittern. Ich kenne es. Es kommt immer nur dann, wenn alles anders kommt, als ich denke.

Die Toten arbeiten an meiner Tiefenatmung. Wenn Gefahr in der Luft ist, wird alles ruhig in mir, sodass ich mir zu vertrauen weiß. Nicht einmal ansatzweise neige ich in Not zur Hysterie, habe auch keine Angst vor dem Tod, bemerke aber doch, dass das Zittern zunimmt. Denn es passiert mit einem Mal etwas, das mir nur in der zweiten Kindheit geschah. Die zweite Kindheit ist die, die nach der Dorfkindheit kam. Meine deutsche Kindheit in der deutschen Zeit, in der Vater und Mutter plötzlich da waren und mit ihnen die Gewalt. Der Alkohol. Und seine zu allen Überraschungen fähige Abgründigkeit. Vater trinkt und Vater ist blind vor Wut, wenn er trinkt. In dieser zweiten Kindheit verliere ich immer wieder die Worte. Ich bin erschüttert, dass es mir jetzt plötzlich wieder geschieht. Dass die Sprache sich windet. Dass meine Sprache mich verlässt, mich im Stich lässt. Und das ist eine Bedrohung für mich, denn ich kann hin und wieder ganz plötzlich nicht mehr sagen, was ich sagen will. In meinem Vokabular entstehen kleine und größere Lücken. Zu meinem Schrecken kann ich sie nicht kontrollieren. Neulich habe ich verzweifelt nach dem deutschen Wort für Taschenlampe gesucht, als ich Rilkes Panthergedicht auf dem Balkon lesen wollte – es war noch dunkel und meine Augen werden immer schlechter, ich brauche eine bessere Brille, eine Lesebrille. Noch immer ist es März, dunkel die frühen Abende. Taschenlampe also. Sie entzog sich mir als Wort. Wie ein Idiot, der Idiot meiner selbst, sah ich nur das Bild der Taschenlampe vor meinem inneren Auge. Das Wort war weg, hatte sich versteckt. Mir fiel nur die Stimme meines Großvaters ein, der dalmatinische Dialekt, in dem er *džepna baterija* sagte, wenn er, in der Zeit als wir noch kein Badezimmer besaßen, nachts zur Latrine ging und Licht für den langen Weg durch den Garten brauchte, um sich den Schraten und Elfen und Windwesen anzukündigen, damit sie nicht an ihm zupften. Einen ganzen verzweifelten Moment lang schaue ich mit meinem inneren Tastsinn nach dem Wort, das mir nur als Bild erschienen ist, das Wort, das ich brauche, kommt aber nicht auf meine Zunge, und ich sehe dann zu Gregor, der darauf wartet, dass ich meinen Satz zu Ende sage. Unser Kind schläft friedlich in seinem Bett. Ich suche in meinem Kopf das Ding, mit dem ich lesen kann, sage ich nun. In mir nachhallend hört sich dieser Satz wie der Ton eines verwilderten kleinen Tieres an, dem ein schlimmer Schmerz widerfahren ist. Dabei zeige ich auf das Buch, das auf unserem langen Holztisch liegt: deutsche Gedichte. Gregor beruhigt mich wie immer, wie seit Jahren schon, nur ein Blick und er weiß Bescheid, er sagt es sofort, eine Taschenlampe, du suchst das Wort Taschenlampe, sagt er, damit du lesen kannst. Ja, es ist eine Taschenlampe, die ich suche, die Taschenlampe, derentwegen ich einen Augenblick lang eine Hilflosigkeit erlebe, die ich nur kenne, wenn ich mich nicht mehr kenne.

Die Taschenlampe hat den Anfang vieler kleiner Wortausfälle und Verunsicherungen markiert. Ich bin immer wieder erstaunt darüber, dass die Sprache von ihren Lücken in solchen Ausleuchtungen spricht und dass es ausgerechnet die Taschenlampe war, die mich darauf hingewiesen hat, so, als dürfte ich das Licht, das in ihr wohnt, nicht vergessen. Ich weiß, dass derart stark Ausgeleuchtetes unweigerlich etwas Größeres ankündigt und so darauf aufmerksam macht, dass es auch wirklich kommen und mir noch viel Kraft abverlangen wird. Jetzt, ein paar Tage später, ist es Alltag für mich geworden, dass die Sprache in jeder Hinsicht das Denken übernimmt und ich mich ihr unterordne, bis sie mir sagt, was sie sagen will. Manchmal fallen mir dann auch in einem einzigen Satz Wörter verschiedener Sprachen zeitgleich ein. Manchmal verweigern sich mir aber auch alle Sprachen, und statt etwas zu sagen, versuche ich dann etwas zu tun. Was das Wort getan hätte, tut jetzt also meine Hand. Ich bin ihr dankbar. Ich will die Liebe dennoch nicht ungesagt lassen. Aber wenn die sanften Häfen ihrer Freude mich in meinem Sprechen entmachten, gebe ich schnell noch ein paar Küsse, statt Anker im Sagbaren auszuwerfen. Allmählich gewöhne ich mich an diese Zeit der bedrängten Lungen. Meine eremitische Natur ist, wie sich nun herausstellt, gar nicht meine einzige Natur. Die mystische Wirkungsweise des Schweigens hat mich übernommen. Dennoch, die Beunruhigung durch die Sprachlücken hat mich in einen Zustand erhöhter Aufmerksamkeit gebracht, und ich vermisse meine Freunde, meine nahen Menschen. Ich weiß jetzt auch mit dem Körper, was Meister Eckhart gemeint hat, als er sagte, keiner habe sich in diesem Leben soweit gelassen, dass er sich nicht noch mehr hätte lassen können. Ich lasse mich, lasse ab von mir. Ich bin immer noch da. Aber anders. Mit anderen Augen. In mir ist Dankbarkeit, in mir ist Leben. Ich nehme wahr, wie alles sich in diesen Innenraum verschiebt, der auf das äußere Ich zu verzichten vermag. Und doch muss ich im Sprechen auf meine Vereinzelung zurückgreifen, *ich* sagen, mich wenden und dem Wind aussetzen, damit er mich noch mehr lässt im Sinn hinter dem Sinn. Die Beunruhigung bleibt. Das metaphysische Zittern ist nicht weg. Und meine rechte Hand tut immer noch weh. Jede Bewegung schmerzt. Die Schwellung ist rätselhaft groß, weicht nicht. Nichts hilft. Ich habe allmählich keinerlei Freude mehr daran, auch nur irgendetwas auszuprobieren. Ich kann keine Salben mehr sehen. Ich will keine Tabletten mehr nehmen. Kein Cortison. Und auch keine Naturheilmittel, die ich immer allem anderen vorziehe. Ich will überhaupt nichts mehr nehmen. Ich will jetzt nur noch zuschauen. Und alles tun, was ich tun will, dem Schmerz zum Trotz. Oder nein, nicht ihm zum Trotz, sondern mit ihm, mit seiner Hilfe. Ein Satz von Richard Buckminster Fuller fällt mir ein: „Die Minute, in der man beginnt zu tun, was man tun will, ist der Anfang eines wirklich neuen Lebens." Ich weiß, dass ich noch nicht so weit bin. Aber ich übe. Die Hand zeigt mir, dass der Schmerz nicht schlimmer wird, als er ist. Und wenn doch, dann nehme ich meine eigene Fähigkeit, ihn betrachten zu können, viel stärker wahr. Wochenlang bin ich nicht Fahrrad gefahren, weil ich nicht bremsen konnte, weil die Hand mir danach noch mehr wehtat, noch mehr anschwoll, jede Radfahrt sich wie eine Art Sünde in die Gelenke einzuschreiben schien und eine noch größere Schwellung, als Strafe für das erlebte Vergnügen, sich zeigte. Nun ist es mir egal. Ich fahre Fahrrad, und der Frühling liebt mich, der Wind freut sich an meinem Haar und mein Haar am Wind, ich könnte singen, so glücklich bin ich, dass ich wieder Fahrrad fahre und dass die Hand das kann. Ich übe das und alles, was mir Freude macht. Ich stärke die Freude. Und die

Schwellung ist beleidigt und nimmt sogar ein bisschen ab.

Dann ist alles wieder auch ganz schlicht an die Jahreszeit gebunden, was mich im Empfinden wendet. Mir fehlen die freudigen Stimmen der Menschen im Frühling, deren Beschwingtheit von der Sonne kommt und die besonders an den helleren Tagen zu den Körpern sprechen. Es ist die Verlängerung jener unvergleichlichen Erfahrung, die ich nach der Geburt meiner Tochter machte – dass alle Menschen, von innen betrachtet, wirklich und wahrhaft schön sind. Monatelang hatte ich diesen Blick, der genau sehen konnte, ab wann das Schöne in den mir begegnenden Menschen zugeschüttet worden war. Zubetoniert. Wie der Asphalt die Erde übertüncht, aber nicht das wahre Gesicht der Erde ist, haben viele Menschen jener dicken Schicht der Übermalung vertraut, sie als sich selbst wahrgenommen. Diese Innenzeit, in der wir alle in unseren Wohnungen wie in Häfen unserer seelischen Existenz gestrandet sind, wird das falsche Versprechen des Asphalts ausleuchten, es auf den Kopf stellen. Die Zeit der Lüge ist zwar nicht vorbei, aber die Zeit der Wahrheit und Ehrlichkeit ist dennoch gekommen. „Später werden wir in Worten reden (doch das wird bereits etwas anderes sein)", heißt es einmal bei Gennadij Ajgi. Wie gilt es doch auch und vor allem für das Schöne! Das erste Meer! Für den ersten Blick auf das Mittelmeer, den ich nie vergessen werde. Mit Beglückung denke ich jetzt an unsere allererste Familienreise nach Tel Aviv, an die kleine, stetig wachsende Hand meiner Tochter und an die kleinen Füße, die sich durch den Sand bis zur Brandung durchschlugen, vor wildem Glück und geleitet vom Taumel der Freude. Wie die warme Luft uns liebte. Wie gut das Wassermelonen-Minze-Shake schmeckte, das Gila mir empfohlen hatte. Als wir nach Berlin zurückkamen, schrieb ich ihr, ich weiß gar nicht, wie ich ohne dieses Wassermelonen-Minze-Shake weiterleben kann. Sie schrieb zurück: Dann geht es dir wie uns allen. Jetzt ist kein Gedanke daran zu verlieren, irgendwohin zu reisen. Der Flughafen in Tel Aviv ist geschlossen. Der Sommer zieht in die Straßen dieser mir vom ersten Augenblick an so vertrauten, wildschönen Stadt ein, er ist König seiner Zeit auch ohne uns Reisende, die wir zur Lautstärke, aber eben auch zur Freude des In-der-Welt-Seins beitragen. In Israel gewesen zu sein und es jetzt zu vermissen, das ist eine neue Sehnsucht, ein neuer milder, aber wachsender Schmerz, denn in meinem Leben schien das Reisen immer möglich zu sein. Nun nicht mehr. Nun wächst an der Stelle der äußeren Reise die innere Hingabe an alle Orte, die ich erleben, betreten und mit den Augen ausforschen, mit der Haut fühlen konnte.

Wenn ich jetzt meine Tochter ins Bett bringe, habe ich keine Pläne mehr im Kopf. Ich denke nicht mehr daran, was ich noch alles erledigen, machen, arbeiten muss, wenn sie eingeschlafen ist. Das fing schon ein paar Wochen vor dem Ausbruch des Virus an – eine neue Geduld entsteht in mir, ein neues Gegenwärtigsein. Ich habe keine Agenda, wenn ich sie in den Schlaf begleite, ich verstehe das und betone es erneut, weil ich vorher eine hatte. Ohne es zu merken. Daher die Unruhe in meinen Gedanken und in meinem Körper und in der Folge auch in ihrem. Schlief sie schneller ein, hatte ich mehr Zeit, um aufzuräumen, zu lesen, um zu essen, umzu, umzu, umzu, usw. bis die Zeit vergeht. Wenn die Zeit bloß vergeht, dann hat sie keine Seele mehr. Und jetzt höre ich nur dem Atem meines Kindes zu, sehe es an, sein sanftes Löwengesicht, in dem sich Monat für Monat ein starker Wille bemerkbar macht und eine so tiefe Freude, dass es mir in seinem Leuchten, kurz bevor der Schlaf sich auf seine Lider legt, überirdisch schön erscheint. Ein Engel ist in mein Leben gekommen und hat mir, jetzt stellt es sich in dieser unvermeidlich gewordenen Isolation heraus, das Fundament für alle Geduld, Umsicht und Güte gelegt, die ich zu leben vermag. Und muss. Wie nie zuvor. Jede Freundlichkeit zählt. Im unsichtbaren Leben der Menschen webt sie an einer leuchtenden Landkarte des Seins, mit der alle, die sich in der Freundlichkeit üben, verbunden sind. Nicht nur das

Virus verbreitet sich schnell. Auch die samtene Sanftmut des inneren Lebens macht auf diese Weise auf sich aufmerksam. Wie ließe sich eine solche Landkarte der kleinen und großen Sonnenposten nachzeichnen? Wenn wir uns nur einer besonderen Situation in unserem Leben erinnern, in der ein anderer Mensch etwas Gutes für uns getan hat, und dann nachvollziehen, was daraus geworden ist, können wir sehen, dass es nicht nur uns, sondern auch unzählige andere Menschen, mit denen wir in Berührung gekommen sind, verändert und beschenkt hat. Unsere Sonnenposten leuchten den Raum und die Zeit aus, in denen wir leben. Die anderen Menschen haben wiederum andere getroffen und sie berührt mit ihrem Innenleben, mit dem, was sie zu geben hatten, und alles geht immer so weiter bis ins Unendliche, wo es sich mit anderen Sonnenposten berührt. In der Seele sind Zeit- und Raumgenossenschaft schon immer miteinander verbunden gewesen. Wir sehen diese Berührung im Unendlichen nicht. Aber wir wissen, dass es sie gibt. Ein unsichtbares Netzwerk der Freundlichkeit arbeitet auf seine Weise am Gleichgewicht der Welt. Die Innenwelt der Innenwelt, die eine Brücke zu einer Außenwelt ist und wieder Innenwelt wird, sobald einer die Augen schließt und bereit ist zu sehen. Ich bin jetzt bereit. Ich mache die Augen zu. Und ich fühle einen starken Schmerz, der mich zu belagern versucht. Seit drei Monaten habe ich Handschmerzen. Der Kern meiner Innenwelt schält sich ab und zeigt sich mir. Das ist das Ergebnis einer zweiten Engelsarbeit, die das Grobe und Falsche in mir zum Innehalten gebracht hat. Auch während ich das hier schreibe, ist der Mittelfinger geschwollen und ich empfinde, endlich, auch hier keinerlei Weinerlichkeit mehr. Jedenfalls denke ich das am Anfang, weil ich einen Grund dafür habe und mein Erleben sich anders verortet. Eine neue Entschlossenheit, alles durchzustehen, ist in mich eingezogen – abzuwarten, was die Hand mir ohne Cortison sagt, ohne Schmerzmittel und ohne Beeinflussungen irgendeiner anderen Art. Hin und wieder überfällt mich Selbstmitleid, das ich unerträglich beschämend finde. Ich möchte zurück in den Zustand der Gelassenheit, des Annehmens, des Wissens, dass alles anders werden kann, alles eine Höhe und Tiefe hat und alles irgendwann zu Ende geht. Rilke fällt mir ein und Kafka, die beide schweren und tödlich verlaufenden Krankheiten ausgesetzt waren. Rilke wollte seinen eigenen Tod erleben, nicht den Tod der Ärzte. Ich will meine eigene Gesundheit erleben, nicht die Gesundheit der Ärzte. Auch das Leben gärtnert, nicht nur sein Ende. „Es ist nötig – und dahin wird nach und nach unsere Entwicklung gehen –, dass uns nichts Fremdes widerfahre, sondern nur das, was uns seit Langem gehört. Man hat schon so viele Bewegungsbegriffe umdenken müssen, man wird auch allmählich erkennen lernen, dass das, was wir

Schicksal nennen, aus den Menschen hinaustritt, nicht von außen in sie hinein." Rilkes Worte strömen nicht nur direkt in mein weisungsbereites Herz, sondern auch in dieses neue Zeitalter hinein. Langsam erahne ich, was es mit dem Pythagoreischen Prinzip auf sich hat, nach dem die Zeit die Seele der Welt ist. Und wenn die Welt, in der wir leben, gar keine Seele hat, was bedeutet das für unser Hiersein? Kann es denn so etwas wie eine vollständig seelenlose Zeit geben? Ich glaube, die Seele lässt sich nicht vergessen. Sie spricht in tausend Versprenkelungen mit uns.

Immer öfter überwiegt in mir das Erstaunen darüber, dass meine Hand mich lange vor dem Einbruch der Corona-Pandemie gestoppt hat, dass sie also mit Nachdruck (der sich als Schmerz äußert) auf eine Pause des fortwährenden Tuns gepocht hat. Zu Weihnachten und Neujahr war ich so müde, dass meine einzige Sehnsucht dem Schlaf galt. In den letzten drei Monaten ist jeglicher Aktionismus von mir abgefallen, und ich habe, dieses Mal wahrhaft, mit dem Körper und nicht nur mit dem Verstand begriffen, dass nichts zu tun ist, dass recht besehen nie etwas getan werden muss, sondern dass alles im richtigen Atem beizeiten von allein geschieht und wir dann mitgehen können – und mitgehen müssen, denn darin ist die Handlung enthalten, die uns wirklich an der Stelle in unserem Leben verändert, die verändert werden muss. Die Wandlung wird nicht im alten Muster vollzogen, sie kann nur in etwas Neuem zu sich kommen. Aus der Rückschau betrachtet wird dieses Eingebundensein in den richtigen Rhythmus und in die richtige Zeit eine Tat, die sich im Fließen anbietet und nicht mit der äußeren Willenskraft errungen werden kann. Mitgehen ist in diesem geistigen Imperativ keinesfalls passiv gemeint, es ist das Ergebnis einer langwährenden Geduld und Einsicht in das, was nicht wehtut. Seitdem die Pandemie mich zwingt, ruhig zu sein, begreife ich aber, dass ich, obwohl ich das alles weiß und mein Kind es mir auch jeden Tag zeigt, dem Atem immer wieder zuvorkomme, ihn nicht gewähren, ihn nicht machen lasse, sondern immer zuerst versucht bin, mit dem Willen zu handeln und dem Atem zuvorzukommen. Ein Unterfangen, das bleibt, aber eines, das mir zeigt – ich übe mich, ich bin bereit, mich weiter als Übende zu verstehen. Ich erinnere mich, dass es im Dorf meiner Kindheit immer hieß, ich sei sogar schneller als der liebe Gott – das hätte mich schon damals nachdenklich machen müssen, statt mich mit Stolz zu erfüllen. Der Atem aber, wenn ich ihm die Handlung überlasse, kleidet alles in Ruhe aus. Der Atem braucht keine Schnelligkeit, weil er selbst sein Maß ist. Der natürliche Atem stimmt mich friedlich, er lässt mich in Ruhe, gibt mir Zeit, ist selbst die richtige Zeit. Der Wille macht mich stark, aber auch rastlos, lauernd und jederzeit bereit, neu anzupacken, etwas zu tun, etwas zu machen. Wie schaffe ich es, beide miteinander ins Gespräch zu bringen? Der Lebensgeist aus den vier Himmelsrichtungen kann helfen. Ich werde ihm zuwarten, werde ihn machen lassen, was ich selbst nicht machen kann.

Seit über zwanzig Jahren übe ich mich wohl in dem, was mir nun als Frage begegnen kann. Dennoch wird mir die Bedeutung dieser Atemarbeit erst jetzt in ihrer Tragweite bewusst. Ich praktiziere Yoga, seit Jahren, jeden Morgen, und meditiere und bete mich wort- und buchstabenweise ins Nichts. 2020 begann mit einer so dichten inneren Dunkelheit, dass ich, seit Jahrzehnten eigentlich, zum ersten Mal eine ernsthafte Ahnung vom inneren Nichts erhielt, wie es mir schon eine lange Zeit bekannt und in verschiedensten Abstufungen begegnet war – in meinen eigenen Abgründen, Epiphanien, nach zu Ende gegangenen Liebesgeschichten, aus Träumen, beim Schreiben, aber auch deshalb beim Lesen mystischer Texte wie sie bei Mechthild von Magdeburg zu finden sind, bei Teresa von Avila und vor allem bei Juan de la Cruz in seiner Formulierung von der dunklen Nacht der Seele. Ich bin schon seit Januar eingekapselt in die Wahrnehmungsfelder, die die Bewegungslosigkeit mir zugespielt hat. Jetzt ist bald April und in mir ist Scheu, die Jahreszeit zu wechseln. Bestimmt genieße ich auch deshalb die äußere Helligkeit wie noch nie zuvor. Die Erde ist das Paradies, das wir alle suchen. Die innere Dunkelheit fing sich langsam an zu lichten, als die Pandemie sich rasant über die Welt verbreitete. Blitzartig wusste ich, dass das etwas mit meiner eigenen Entwicklung zu hatte, dass das, was ich geglaubt hatte, überwunden zu haben, erst am Anfang seiner Mitteilung war und dass der Anfang lange währen, sich nicht so schnell überschreiben, wegdenken und vergessen lassen würde, dass es also in allem ein Wendepunkt war und sich selbst unauslöschlich in Bewusstsein übersetzen wollte. Die Sommerzeit hat nun begonnen. Die Hand ist geschwollen und der Schmerz brennt. Und ich bin ohne weiteres bereit, Schutzmasken selbst zu basteln wie es ein jetzt schon berühmter Virologe in einer Berliner Tageszeitung dargelegt hat. Unsere ungewollt und unwissend in China bestellten Masken sind immer noch nicht da. Gregor hat jetzt alles für die Masken zum Selbermachen bestellt, die von unserer Freundin haben wir fast schon alle verbraucht. Ein Teeversand hat Lieferschwierigkeiten und wundert sich über die enormen Bestellungen, zu denen auch unsere gehört – der in Papier gelegte Draht, der sonst für das Verschließen von Teepackungen gebraucht wird, findet gerade reißenden Absatz. Vor einigen Wochen habe ich noch über eine osteuropäische Ministerpräsidentin gestaunt, die sich zu ihrem lila Kleid eine lila Maske hatte nähen lassen. Es kam mir so grotesk und falsch vor. Augenblicklich ging dabei meine Hand zum Mund, wie um ein Erschrecken zu benennen und das als sinnlos Erlebte zu bannen. Das Basteln ist jetzt vorbei. Jetzt nähen sich längst alle schon eine eigene Schutzmaske in den Mustern und Farben, die ihnen gefallen oder zu ihrer Kleidung passen. Ich halte den Kopf meines schlafenden Kindes, meine Hände finden dafür Worte ohne meinen Mund. Fingerkuppe und Schläfe reden miteinander. Immer mehr liebe ich sie, diese heilsame Kraft des Schweigens.

Es ist das das Neue an dieser Zeit, dass wir alle tun, was getan werden muss. Damit findet eine Art Quantensprung in unserem Denken statt, ein neues Muster, das Wirkung entfalten und sich auch auf andere Handlungen unseres Lebens ausstrecken wird. Es wird nie einen Weg zurück in die alte Normalität und Behäbigkeit geben. Das Alte ist schon verschwunden, die andere Wirklichkeit, die in Buddhas Sprache Illusion heißt, hat sich verabschiedet. Auch ich will nicht in mein altes Selbst zurück, in jene Zeit, in der ich doch so vieles kontrollieren wollte und genau von dem kontrolliert wurde, was das Ziel meiner erwünschten Bändigung war. Die Synchronizität der größeren Kräfte ist stärker, sie weitet die menschliche Freiheit und arbeitet den inneren Verwandlungen in Richtung eines helleren Bewusstseins zu. Was aber hier heller ist, kennt die Abtragung des Schattens. Die Beziehungen zwischen dem Ich und dem Unbewussten, wie sie C.G. Jung beschrieben hat, machen jetzt nicht mehr nur im Einzelnen auf sich aufmerksam, sondern haben nun den ganzen Planeten als ein Kollektiv erreicht – wir sind seine Ansprechpartner, ein Plural, der eine Stimme finden und antworten muss. Zum gleichen Zeitpunkt sitzen wir alle auf die gleiche Weise in unserem eigenen Leben fest, und das Virus bringt die Menschen in einem kleinen dalmatinischen Dorf genauso in Bedrängnis wie in Boston, in Berlin, Paris oder Zagreb, New York oder Rio de Janeiro. In der kroatischen Hauptstadt hat es zudem ein Erdbeben der Stärke sechs gegeben. Wer kann einem jetzt helfen, wenn nicht ein anderer Mensch? Die im Außen gestempelten Pässe verlieren dieser Tage ihre Gültigkeit. Der einzige Identitätsausweis, den wir haben und je haben werden, ist die im Leben mit anderen Wesen erworbene und innerzeitlich wärmende Güte. Ohne die Arbeit der Hand kann die Güte nicht welthaltig werden. Nichts geht ohne die Hand. Damit etwas geht, muss es uns von der Hand gehen.

Als mir neulich eine Nachbarin erzählte, dass in die Schule ihrer Kinder auch die Kinder eines bekannten Politikers gehen und die Familie das Virus bereits überstanden hat, kam mir der Gedanke, dass solche Menschen, mit einem Weitblick im Herzen und nun mit Antikörpern ausgestattet, an den Supermarktkassen oder in den Krankenhäusern nützlich sein könnten. Ich selbst wäre gerne bereits immun, wenn das bei diesem schon jetzt mutierenden Virus überhaupt je möglich sein wird, um zu Diensten sein zu können. Eine Welt, in der ein solcher Gedanke des Einander-Helfens möglich ist, ist die bereits in der Verwandlung wirksame. Helfen könnten wir einander vor allem in solchen Situationen ohne Rücksicht auf das, was wir unseren Beruf, unsere Identität, unsere Religion usw. nennen. – Denn Religion wäre eben genau das: zur Tat zu schreiten, wo wir gebraucht werden, und nicht zu viel über das nachzudenken, wer wir sind, welchen Beruf wir eigentlich haben oder wer wir noch alles sein wollen, sondern einfach einander zu helfen, solange Hilfe vonnöten ist. Unsere schon jetzt neu gewendete Welt spricht in diesem Sinne zu uns mitten in der dichten Dunkelheit des Schattens, der uns ereilt hat. „Die feine Auffassungsfähigkeit des Unbewussten", auf die C.G. Jung aufmerksam gemacht hat, „welche aus den Zitterbewegungen einer anderen Person" etwa Zahlen ablesen könne, sei zwar eine auffallende, aber keineswegs unerhörte Tatsache. Die Zitterbewegungen einer Weltgemeinschaft fasst derzeit nichts so stark zusammen, wie es COVID-19 macht, weil gerade alle innerlich erzittern und hellhöriger werden. Dabei wird eine andere Wahrnehmung des Lebens freigesetzt. Wir sind nun wie Ovid und doch anders als er in Verbannung. Unser Schwarzes Meer ist die dunkle kollektive Nacht, die uns kathartisch in die

Verwandlungskräfte der Natur und in die Welt der Seele treibt. Diese Forderung ist jetzt schon im Raum, der uns allen zeitgleich gehört und den wir als in einer Welt Lebende miteinander teilen.

Seitdem alle meine Termine weggefallen sind, ich meinen Reisekoffer im Keller abgestellt habe, schaue ich nicht einmal mehr in den Kalender. Ich weiß auch mit einem Mal nicht mehr, wie ich überhaupt mit all den im Außen und von der Außenwelt kommenden Verpflichtungen leben und so schnell, so zupackend, so immer in Eile und in irgendeinem Flugzeug oder Zug oder Auto sein konnte, um wieder in einem anderen Flugzeug oder Zug oder Auto unterwegs zu sein. Manchmal wachte ich in einem Flieger auf, sah hinunter zur Erde und wusste überhaupt nicht, wo ich gerade war, ob es noch überhaupt die Erde war oder nicht auch schon ein anderer Planet, ein anderer Traum, ein anderes Leben hätten sein können. Das fühlte sich schon seit Jahren sehr falsch an. Mein Körper versuchte sein Bestes, um auf das Hier und Jetzt aufmerksam zu machen. Der Druck der Zeit und des zu schnellen Unterwegsseins hatte mich schon einmal in gleicher Vehemenz einige Jahre zuvor spüren lassen, auch damals schon über meine rechte Hand, wie diese Schnelligkeit und eine ähnlich beharrliche Entzündung, die Jahre nicht weichen wollte, miteinander in Beziehung standen. Damals gab es Phasen, in denen ich nicht einmal eine Tasse halten oder den großen Schlüssel in meiner früheren Altbauwohnung umdrehen konnte. Corona erinnerte mich wieder an dieses andere Exil, an das Ausgeschlossensein aus der Welt der Gesunden – und der Normalität, die mit einem gesunden Körper und Geist einhergeht. In diesem Frühjahr, da mir äußerlich nichts anderes übrigblieb, verzichtete ich auf alle weiteren Pläne und entschied mich, nur das zu tun, was wirklich getan werden musste. Das hört sich nach einer leichten Sache an, nach etwas, das man von einem schöpferischen Menschen auch erwartet. Aber innerlich gibt es ebenso unzählige Möglichkeiten, permanent unterwegs zu sein, ohne da zu sein, wo man gerade ist. Es gibt vielfache Abstufungen des Verstehens und des Genesens. Von diesen Abstufungen handelt dieses Buch, von den genommenen und noch zu nehmenden Stufen, vom Atem, ohne den nichts geht, der mitarbeitet an der Verwandlung und am Leben im wahren Selbst. Ohne Umwege geht das aber auch für den Atem nicht. Auch der Atem muss außer Atem kommen, um zum Atem zu kommen. Die Umwege sind für die Erziehung des Herzens unabdingbar. Und die Luft hat etwas dazu beizutragen. Ludwig Binswanger, der Begründer der Daseinsanalyse, spricht einmal in seinen Krankenaufzeichnungen zu Aby Warburg von der *unendlichen Heilung*. Diese ist unserem inneren Labyrinth eingeschrieben. Wir brauchen das Labyrinth, um den Ariadnefaden zu finden, der uns den richtigen Weg weist. Eines der berühmtesten Labyrinthe der Welt ist in der Kathedrale von Chartres zu sehen. In seiner Mitte befindet sich eine Blume, die wir, solange wir auf dem Weg zu ihr sind, nicht erkennen können. Wie aber kommen wir zur Blume, wenn wir die Blume gar nicht sehen? Und wie lassen wir die Blume und ihre Form in uns wirken, wenn wir ihrer seelisch habhaft geworden sind? Jeder von uns weiß, in welcher Frage er gerade lebt. Das Leben lässt sich nicht betrügen. Wer schon beim Fragen betrügen will, wird nie vom Weg unterwiesen werden. Es tut Jahrzehnte später noch weh, unterwegs das Fragezeichen verloren zu haben – ohne es überhaupt zu bemerken. Die Satzzeichen sind genauso wichtig wie die Sätze, in die wir hineinleben. Die Vorstellung, dass alle unsere Städte, die weltweit von den gleichen Modeketten und global organisierten Geschäften geprägt sind, sich wenigstens ein bisschen von der Verirrung des auf Konsum ausgerichteten Lebens ausruhen und wieder ihr eigentliches Gesicht erlangen, es sich zurückerobern können, Häuser wieder nur Häuser werden, Straßen nur Straßen, erfüllt mich mit einem noch größeren Bedürfnis nach Stille. Eine neue Zufriedenheit spiegelt sich darin und – nein, ich bin nicht glücklich, dass Menschen ihre Arbeit verlieren, aber – ja, ich bin glücklich, dass selbst die bürokratischsten Institutionen in meinem Land von einem neuen Denken herausgefordert werden und stellenweise mitgedacht wird. Es geht jetzt auf eine neue Weise wirklich um Menschen. Später wird es wieder um die Wirtschaft gehen. Aber nun dient alles dem Einzelnen. Und das hat kein Krieg, das hat keine 1425 Tage dauernde Belagerung einer europäischen Stadt, kein 9/11, kein Zusammenbruch der Finanzmärkte von 2008 und auch kein Krieg im Nahen Osten oder Syrien oder die ständige Gefährdung Israels auch nur ansatzweise geschafft. Auch die katastrophal anmutenden Klimaveränderungen waren dazu nicht in der Lage. Weil es uns nur scheinbar nicht alle zu betreffen schien. Als die Menschen beim Einkaufen in Sarajevo auf dem Marktplatz starben, sah sich kein an den Olympischen Spielen in Norwegen beteiligter Sportler in irgendeiner Weise von dem Tod dieser Menschen betroffen. Jeder sagte einem, wenn man darauf aufmerksam machte, damals und später, dass die Athleten und Athletinnen ihr Leben lang trainieren und dass Olympia für sie „alles" in ihrem Leben ist. Nun ist dieses „alles" wirklich das Leben selbst, für uns alle, ob Sportler oder nicht, weil jedes Leben hier und jetzt dem Virus ausgesetzt ist, spricht es dieserart zu uns: es ist anders als wir bisher waren – es macht keine Unterschiede. Nun also ist das möglich geworden, was mir einst in Sarajevo die Tränen in die Augen trieb: die Kälte der Zeitgenossenschaft ist dieses Mal in Wärme und Wärmelinien übergegangen. Wenigstens stellenweise. Wenigstens für einen kurzen Moment. So entstehen neue Orte der Verbindung, die ein Gedächtnis haben und die helfen, das Falsche, die rücksichtslose Abgrenzung zu überwinden. Sie lassen Zeit, und sie sind selbst Zeit. Neue Gedanken werden möglich. Da wir heute leben, werden wir vielleicht noch nächstes Jahr leben – und also reicht unser Vorstellungsvermögen –, die Olympischen Spiele werden verschoben und die Sportler sind jetzt empfindende einsichtige Menschen und dienen auch geistig dem olympischen Ideal. Natürlich bringen wir damit keinen Toten mehr zurück zu uns Lebenden, wir verkürzen das Leid der schwer Erkrankten nicht, aber wir können mit einem Mal eine andere Welt denken, wir können zurückblicken und sehen – etwas war grundlegend falsch, etwas kann ganz und gar anders gelebt werden, als wir es geglaubt haben. Das ändert den Blick auf den Menschen grundsätzlich, weil es den Blick auf uns selbst ändert. Das ist eine Welt, in der es nicht mehr nur bloß poetisch ist zu sagen, dass es auf jeden Einzelnen ankommt. Für mich war das noch nie bloß nur poetisch, denn für mich heißt poetisch auch wahrhaftig, wirklich, seelisch-mathematisch, genau und rätselhaft weltwahr in einem. In unserer Zurückgeworfenheit auf uns selbst und im Fühlen unserer eigenen Verletzlichkeit bringt uns diese neue Welt dazu, nicht nur an uns, sondern auch an die Anderen zu denken und zu fragen, was können wir für einen Bedürftigen tun, wozu ist unsere Hand bereit. Der Atem kann der Hand helfen, wirklich zu helfen und nichts dafür zu wollen. Der richtige Atem macht zudem das falsche Wollen sichtbar. Im Johannesevangelium heißt es: „Gott ist Geist, und die ihn anbeten, müssen in Geist und Wahrheit anbeten." Dieser „Geist" Gottes rührt vom Hebräischen „ruach". Im Tanach, der die Heiligen Schriften des Judentums versammelt, kommt es 372 Mal vor. Seine Grundbedeutung ist „Wind" und „Atem". Allein bei Jesaja, einem meiner Herzenspropheten, taucht der Atem hundertdreimal auf. In griechischen Übersetzungen des Tanach wie im Neuen Testament wird „ruach" als Pneuma benannt. Wind und Atem spielen auch bei Jesus immer wieder eine wichtige Rolle. Nikodemus beispielsweise fragt Jesus, wie ein Mensch neu geboren werden könne, wenn er schon alt sei. Jesus antwortet ihm: „Wahrlich, wahrlich, ich sage dir: Wenn jemand nicht aus Wasser und Geist geboren wird, kann er nicht in das Reich Gottes hineingehen. Was aus dem Fleisch geboren ist, ist Fleisch, was aus dem Geist geboren ist, ist Geist. Wundere dich nicht, dass ich dir sagte: ihr müsst von neuem geboren werden. Der Wind weht, wo er will, und du hörst sein Sausen, aber du weißt nicht, woher er kommt und wohin er geht; so ist jeder, der aus dem Geist geboren ist."

Die Abgründigkeit verschwindet nicht aus den Menschen von heute auf morgen. Aber sie wird im Atem sichtbar. Der Atem erzieht uns auf seine Weise zur Ehrlichkeit, dafür braucht er den Körper, in dem der Geist und alles vom Geist Kommende sich abspeichert. Und mit Ehrlichkeit entsteht Wachstum, ein neues Geborenwerden wird Wirklichkeit. Während neue Denkhorizonte möglich scheinen, wächst seit dem Ausbruch der Pandemie zeitgleich weltweit die häusliche Gewalt in den Familien, die jetzt nicht mehr getrennt voneinander die Tage und Nächte verbringen. Es gibt viele Hände, die zuschlagen; Hände, die niemanden kennenlernen wollen, die keine Freundlichkeit kennen und nicht liebkosen können. Wenn aber nur durch die Abwesenheit und Trennung der einzelnen Familienmitglieder voneinander das Zusammenleben möglich war, dann war schon die alte, in Lautstärke durchorganisierte Welt nicht mehr die richtige. Ich denke an die vielen Kinder, die ihren Eltern nicht mehr entkommen können, und erinnere mich meiner eigenen Zeit in einer Familie voller Gewalt, Alkohol und Not. Und dass mir als Jugendliche nur noch das Gebet als einzige logische Handlung beistand. Lieber Gott, bringe mich hier weg, irgendwo anders hin, irgendwohin, wo die Hand, die mich liebkost, nicht danach schlägt und mich nicht belügt. Ich sehe mir seit dieser Zeit sehr genau die Hände der Menschen an, mit denen ich es zu tun habe. Ich weiß, wozu Hände in der Lage sind. Andere Familien, die nicht durch Gewalt verbunden sind, haben seit Corona neu und anders zueinandergefunden. Wenn ich aus dem Fenster sehe, staune ich über die vielen Eltern, die wieder mit ihren Kindern spielen, Ballspiele, Hüpfspiele, Gymnastik – alles ist dabei. Manchmal denke ich, wenn das alles hier vorbei ist, werden sie alle schöner und schlanker und erneuerter sein, freier auch, weil sich alle an der frischen Luft erfreuen und laufen gehen, anders atmen, freudiger auch das tun, was ihnen sonst im Alltag das Selbstverständliche war – dass der Atem da ist, die Luft, dass alles geht, weil es immer so geht. Nun ist es anders. Das, was noch geht, ist ein Geschenk, weil es geht.

Vor vier Wochen, noch bevor das Virus sich zur weltweiten Landnahme unserer Körper entschlossen hat, planten wir schon fast mit der Hilfe einer Tagesmutter, und ich sah mich bereits stundenlang an meinem Schreibtisch sitzen und arbeiten. Dazu ist es bekanntlich nicht mehr gekommen. Jeder Körper wurde nun für sich wahrnehmbar. Unsere Körper zwangen uns zurück ins Sein, wir lernten noch einmal neu zu gehen, neu aufzustehen, vom Balkon zu sehen, wir lernten die Überraschung, die Kraft und die Dankbarkeit kennen. Wir lernten zu weinen und zu singen. Wir lernten Gedichte. Wir lernten die Verbindungslinien zwischen uns und den anderen Menschen zu lieben, sie zu ehren und all jene innerlich zu sehen, die zu uns auf gleichwelche Art gehörten. Ruhe kehrte ein. Diese unvergleichliche Ruhe, es war, als sei mir eine Sehnsucht erfüllt worden, die seit Jahrzehnten darauf gewartet hatte, Berührung mit mir aufzunehmen. Das war eine Erfahrung, die alles änderte, und die Ruhe machte den wundersamen Eindruck, als sei sie gekommen, um zu bleiben.

Die in mir wirksame Ruhe hat gestern aber deutlich nachgegeben. Weil das geschah und wie es geschah, brachte es mich aus dem Gleichgewicht. Ohne ersichtlichen Grund fingen mir die Nerven zu flimmern an. Ich ging wie ein Tier in der Wohnung umher, erst am Abend begriff ich, dass ich dem Panther aus Rilkes Gedicht zu ähneln begann. Wer eingesperrt ist, sieht die Welt genauer als jemand, der es nicht ist. Wer durch Gitter hindurchschaut, erfährt die Bedeutung seiner Augen. Vorgestern hatte sich mir eine innere Anspannung offenbart, als Gregor in den Keller ging und eine ganze Stunde lang nicht wiederkam. Ich wagte es, unsere Tochter für ein paar Minuten allein schlafend im Bett zu lassen und in den Keller zu rennen. Nach mehrmaligen Rufen, keinerlei Reaktion, nur Kartons und Gegenstände, die sonst im Keller gelagert werden, schauten mich vom Flur aus an. Als Gregor aus dem Müllraum trat, machte ich ihm gleich Vorwürfe, dass er nicht Bescheid gesagt hatte – er räumte plötzlich alles auf und entsorgte gerade Pappe, als ich ihn suchte. Was hatte ich gedacht? Was sollte ihm im Keller zugestoßen sein? Ich habe Angst, ihn zu verlieren. Lieber sterbe ich zuerst. Ein Gedanke wie eine Schlange, mit festem Biss, mir giftiger Wucht. Gedanken wie diese bringen sich in diesem Eingeschlossensein plötzlich selbst ins Spiel. Die Schlange macht auf sich aufmerksam. Es fühlt sich zwar echt an, so etwas Giftiges zu denken, aber nicht wie meine eigenen, sondern fremde, mich besetzende Gedanken. Vielleicht gerät mein Kopf jetzt schneller in den Magnetismus der Sorgen, die unseren Planeten dieser Tage wie in einem Eisenring festhalten, ihn umspannen und dann auf jeden einzelnen Menschen, wenn er betrübt ist oder besorgt, überspringen, ohne ihn um Erlaubnis zu fragen. Es scheint mir wichtig, meine eigenen Ängste von dem mich umgebenden Angstvolumen der anderen zu unterscheiden. Denn irgendetwas ist anders und ich will es verstehen. Heute habe ich mich zum ersten Mal in den Baumarkt gewagt. Neue Pflanzen und Blumenerde gekauft. Zum ersten Mal auch das: Mit einer Schutzmaske, die wir geschenkt bekommen haben. Beim Atmen war meine Brille derart beschlagen, dass ich für Momente überhaupt nichts gesehen habe. Große Hilflosigkeit war in mir, dann habe ich tiefer geatmet, habe versucht nach unten zu atmen, und habe dann das Problem, als ich meinem Ziel näherkam, zu meiner eigenen Überraschung regelrecht vergessen. Ich habe schließlich die ganze Kraft auf die Blumenerde ausgerichtet, die ich für meine weiße Hortensie brauchte, die Janine mir gebracht hat. Dann habe ich angefangen, mich umzuschauen und habe Erdbeeren, Rucola und einen kleinen Heidelbeerstrauch entdeckt und sie plötzlich trotzig mit der Vorstellung in den Einkaufswagen gelegt, dass der kommende

Sommer nicht den Sommern gleichen wird, die ich sechsundvierzig Jahre lang gekannt habe, und dass ich deshalb vorsorgen muss. Jener Jahrhundertsommer, in dem meine Tochter zur Welt kam, hat neue Regeln aufgestellt, und jetzt zeigt uns Corona, dass mit allem zu rechnen ist. In meinem Einkaufswagen liegen auch: eine Minze, eine Tomatenpflanze, Schnittlauch und neue Blumentöpfe, die habe ich noch blitzschnell gegriffen. Ich kann es kaum abwarten, meine Hände in die Erde zu graben und alles einzupflanzen, mit meinen Fingerkuppen ein Erdgespräch zu beginnen. Meine Freunde Micha und Barbara aus einem kleinen Ort bei Madison, Wisconsin, haben mir endlich geschrieben. Sie sind wohlauf. Ich habe mir Gedanken um sie gemacht, mit Mitte achtzig gehen sie nirgendwo mehr hin. Sie haben den Holocaust überlebt, sie reden in anderen Kategorien über die Pandemie. Ich kenne sie von der kanarischen Insel La Gomera, wo wir einander vor über zwanzig Jahren begegnet sind. Eine Freundin bringt ihnen einmal die Woche die Einkäufe aus der Stadt. Barbara schreibt, es sei auch dort schon Frühling und der Mutterbaum mit den roten Blättern stehe in gelber Blüte. Sie höre den aufkommenden Vogelrufen zu und verbringe so viel Zeit wie möglich dort, mit den Füßen auf der Erde, langsam gehend, nach oben schauend. Michas Cousine Evelyne hat sich aus Belgien bei mir gemeldet, sie schreibt unter anderem über den Hundertsiebenjahre alten Boris

Pahor, der die spanische Grippe überlebt hat – ja, solche Leute leben offenbar immer noch. Ich möchte eine Dankbarkeitsspur in die Welt geben, für Orte, Landschaften und Städte, die mir jetzt nicht mehr zugänglich sind, auch für Menschen, die ich gerade nicht besuchen oder zu mir einladen kann. Ich bin dankbar für Triest, jene herrliche Stadt am Mittelmeer, die Boris Pahor so gut kennt. Ich bin dankbar für die Bora, den rauen, kraftvollen Wind, der mich einmal meterweise in Triest über die vollständig gefrorene Piazza dell'Unità d'Italia, ja, was tat der Wind – er schob mich regelrecht, schob mich so über die Piazza, als hätte er große Hände, die mich in die wirksame Kraft der unsichtbaren Welt einweihen wollten. Ich war schnell überzeugt, da ich in einer Landschaft zur Welt gekommen bin, die ohne die Bora undenkbar ist. Aber erst in Triest habe ich zum ersten Mal verstanden, dass man nicht nur vom Hellsehen, sondern auch vom Hellfühlen sprechen kann – das kann man in dieser Intensität nur vom Wind lernen, ach der Wind!, welche Kraft, welche Wonne, welche Schönheit, dass er mich geschoben und gestupst und geführt hat über das Eis und die Weite. Dass es das wirklich gibt, jenes Durchbrechen der äußeren Welt mit den überall am Körper angebrachten Augen – Tausende von Augen, die mit dem Wind, mit dem Eis, mit dem Meer sprechen. Der Mensch hat Anteil an allen Elementen und allen ihren Ausdrucksformen. Auch er ist Wind und Gespräch in einem. Ich bin Triest dankbar, für seine Cafés, für den guten Cappuccino, für den besten Auberginenauflauf – Parmigiana di melanzane –, den ich je gegessen habe, für den einen Strumpfladen, in dem ich mir unsinnigerweise Massen an Strümpfen vor über acht Jahren gekauft habe, die mich immer noch an die Arbeit des Windes, an seine Unterweisungen in andere Wirklichkeiten erinnern und mit meinen Füßen zusammenarbeiten, wenn ich selbst vor Müdigkeit nicht einmal mehr gehen kann – jetzt, in der Isolation, habe ich wenigstens keine Strumpfnöte, ich trage am liebsten die dunkelvioletten mit fuchsiafarbenen Monden, die sind magisch begabt und sprechen Mittelmeerisch mit mir. Ich bin dankbar für La Gomera, für den Teide, das atlantische Blau, das Carlos mir, wie sich jetzt zeigt, als unsterblichen Blick für immer schenkte, als ich mit ihm in jenem kleinen Dorf ausgerechnet im alten Schulhaus lebte und über das Blau hinwegsah und Pedro und Monika und Gisella und Pernausi und Frederik und Barbara da waren, mir mit den Jahren vertraut wurden, Vertraute für meine Augen, und dankbar bin ich, dass sie mich nicht belehrten, weil sie alle schlauer, schöner, erfahrener und lebenskundiger als ich waren. Ich bin den Palmen dankbar, dem mystisch bewanderten Garten, den lieben kleinen Salamandern, mit denen ich lernte, mich gut und lange zu unterhalten, bis ich mit dem Schreiben meiner ersten Geschichten begann und das Blau des Himmels mitmachte, mitschrieb, mich an die Bora erinnerte, an den anderen Garten, an die Kindheit mit den Tieren. Ja, meine Dankbarkeit ist so groß und enorm, dass ich ein anderes Buch schreiben muss, um zu erzählen, wie das war, auf der grünen Insel, als ich dort ankam und noch nie zuvor eine Papaya gegessen, eine Mango geschält, eine Avocado angestaunt hatte. Der Garten hat mir alles Wichtige für die Arbeit der Buchstaben beigebracht und mich überhaupt zu ihnen hingeführt. Und was ich dort geschrieben habe, hat Jahre später Katja in Wien gelesen. Und ich habe Katja ihrer Genauigkeit und Menschenliebe wegen angefangen zu lieben, und weil sie immer weint, wenn etwas wahrhaftig ist, dass ich sie dafür umarmen muss. Ich bin dankbar für die wahrhaftige Katja aus Wien, die den Himmel als Maßstab unseres Hierseins anerkennt, und für F.M., nach der meine Tochter benannt ist; F.M. schickt Katja kleine Videos und sieht unsterblich aus, lange schon gleicht ihr Gesicht ihren Gedichten. Ich bin dankbar für die Bücher dieser unsterblichen Dichterin. Nun weiß ich besser noch als einst, was sie damit meinte als sie schrieb: „…Habe heute Früh metaphysische Krankheiten bekommen…" Ich habe die metaphysischen Krankheiten von heute Morgen (jeder Morgen hat seine eigenen) in Dankbarkeit kanalisiert, sie umgelenkt in diese Zeilen, auf dieses Papier. Morgen werden vielleicht neue Abstufungen neuer metaphysischer Krankheiten auftauchen, aus dem Nichts oder aus diesem erwähnten Sorgenring, der die Erde umklammert hält und den ich nicht aus der Welt schaffen, nur sehen und beschreiben kann – ist das ein Anfang? Dem ich aber nicht das alleinige Recht auf Dasein zuspreche, weil ich weiß, dass Dankbarkeit auch ihren Jupiter hat und sich mit dem Saturn anlegt. So bin ich überaus dankbar auch für all die kleinen und großen Steine, die ich an den Wassern und in den Wäldern dieser Welt überall gesammelt habe und die meine Tochter jetzt in die Hand nimmt und Teine nennt, weil sie das „S" noch nicht sprechen kann. Deine Teine, mein Gott, ich danke dir für die kleine Hand, die sie anhebt und anstaunt und fallen lässt und wieder aufhebt wie das Wunder deiner vielversprechenden inneren Erlösung von der Angst, die jetzt in den Augen aller lebt, die ich draußen sehe, so wie heute im Baumarkt, als ich die Blumen, die Pflanzen, die Erde gekauft habe und meine Brille beschlug meiner Ungeübtheit mit der Schutzmaske wegen, wegen allem auch, was jetzt neu und anders ist. Aber es ist immer noch mein Leben. Ich gebe das nicht her. Jetzt gerade und erst recht nicht. Und das Neue hat immer auch ein Versprechen, es sind härtere Tage, die einem weicheren Dasein den Platz zuweisen werden, den wir uns gerade vielleicht mit unseren Gedanken und Taten und Ideen erarbeiten. In dieser einen Welt wachsen die Menschen zusammen, dem Ganzen dienende Gemeinschaft kann nur wirksam und von Dauer sein, wenn autonome Wesen, die mit sich selbst in Berührung sind, das Berührte weitertragen. Ich bin dankbar, dass wir so viele Menschen kennen, die diese zusammenwachsende Welt auf eigensinnige Weise spiegeln, gerade jetzt, da einige von ihnen nicht in New York sind, sondern in Berlin – und ich bin dankbar, dass ich letztes Jahr um diese Zeit mit meinem Gregor und unserer Tochter die New Yorker Freunde gesehen habe, Gast dort war und die Bäume des dortigen Frühlings erlebt habe. Kirschbaumwipfel! Jemand hat noch im letzten Jahr gesagt, dass 2020 schlimmer und einschneidender sein würde als 9/11, irgendwelcher astrologischer Koordinaten wegen, mit denen ich mich nicht auskenne, die mich aber beeindrucken. Ich bin dankbar, dass ich anders als in jenem furchteinflößenden, die Zeitenwende einleitenden September jetzt eine Wohnung mit einem Balkon habe. Ich bin dankbar, dass ich Amerika bereist, es hier und dort länger betrachtet habe, jenes Land also ein bisschen kenne, in dem bis zu diesem Frühling niemand geglaubt hatte, je um Toilettenpapier kämpfen zu müssen. So etwas wurde nur in einem kollektiv getragenen Gedanken einst auf Sowjetrussland projiziert und lebte bis vor Kurzem in den Köpfen weiter, jedenfalls so lange, bis die ersten Amerikaner in Supermärkten, die sie beispielsweise Giant Eagle nennen, zum ersten Mal in ihrem Leben um Toilettenpapier kämpften. Ich bin dankbar für meine sozialistische Kindheit, in der solche Nöte schon bekannt waren und stoisch hingenommen wurden, es ist kein neues Ereignis in meinem inneren Vorstellungsvermögen; es gab immerhin noch Zeitungspapier. Diese Kindheit, die sich meine nennt, fiel mir letztes Jahr, nur drei Wochen, nachdem wir Noah und Melanie in New York trafen, wieder ein – im Haus von Emily Dickinson, deren Leben, verstand ich dort, moderner als meines im jugoslawischen Sozialismus war, auch angenehmer im Komfort. Sie hatte einen schicken gusseisernen Ofen in ihrem schönen Schlafzimmer, davon konnte bei mir nicht einmal in meinen Träumen die Rede sein. Ich bin dankbar für das Radio, das mich in der dörflichen Welt mit dem Mittelmeer und dadurch mit meiner Bildwelt verband, an der sich jene Sehnsucht entzündete, die jeder Kälte (auch wenn sie sehr schlimm war) trotzt. Mit Frostbeulen an den Händen lag ich in einem eiskalten Bett und erlernte frierend das innere Beten, das mir später in den mystischen Innenreisen Teresa von Avilas wiederbegegnete. Ich bin dankbar, dass ich den A. lieben durfte, der mich erstmalig mit der dunklen Nacht der Seele, ganz ohne es zu wissen, in Berührung brachte. So entdeckte ich Juan de la Cruz und sehe nun, wie sich die dunklen Innenlandschaften von uns allen für uns alle ins Gespräch bringen, um ausgeleuchtet zu werden. Ich bin dem Labyrinth dankbar, dass es mich durch eine in Zeichen sprechende Welt geschickt hat, die das Abbild meiner Seele war. Das Labyrinth ist logisch aufgebaut, man kann sich in ihm nicht verirren – es ist nicht zu verwechseln mit dem Irrgarten. Wer im Labyrinth ist, befindet sich auf dem Weg zur Mitte.

Die Schattenarbeit, die C.G. Jung als eine Abtragung des unbewussten Dunklen in uns beschrieben hat, kann helfen, unseren Platz im Labyrinth zu benennen. Aber wie lerne ich, meinen Schatten zu sehen? Meistens ärgert er einen bei einem anderen Menschen, so beißt er jedenfalls erstmalig im Bewusstsein zu und wenn ich zurückbeißen will, kann ich lernen innezuhalten und zu schauen, was das Zubeißenwollen mit mir macht. Ich rede mir zu, die Schatten und ihre Spiegelungen nicht zu meiden und alles bedingungslos und kühn zu betrachten, damit es zurückblickt, damit es mich betrachtet und diese Pantherzeit auch eine Feier für das dunkle Tier in mir ist, eine Feier, die nach dem Durchschreiten der dunklen Zonen wie ein Gottesdienst nachzittert, in dem wir alle einmal das Gewand des Priesters anziehen müssen. Ich denke wieder an jenes beeindruckende violette Gewand, das noch aus meiner dalmatinischen Kinderzeit als die Farbe der Zeremonie zu mir spricht, der Feierlichkeit, in der keine Scham, nur Hingabe an das Höhere die Zeit dehnt und nach einem ergangenen Weg Demut wird. Die Würde und das Wissen um unsere Verbindung zum ganzen Leben weiß nur die Demut zu vernähen. Ich weiß, dass ich gar nichts weiß. Der Schatten zeigt sich schneller, als mir lieb ist, aber ich habe ihn auch gebeten zu kommen. Also rufe ich dich wieder, meine Zeit, mein Tier, zeig dich! Ich bin dankbar, das Leben hin und wieder für kurze Momente so sehen zu können, wie es ohne meine Einmischungen ist, dass ich das stehen lassen kann, was ein anderer wählen will, ist ein großes Glück. Seitdem ich Handschmerzen habe und mich selbst darin übe, den anderen den Willensvortritt zu geben, staune ich über die Schönheit der Welt, über ihre Stimmigkeit, wenn ich ihr zuschaue. Und doch – ich höre sie noch immer in mir, diese innere Stimme, die mir Weisung ist, weil ich sie offenbar noch brauche: Lass die anderen vor, schaue ihnen und dir zu! Darin ist große Dringlichkeit. Da der Schmerz in meiner rechten Hand so stark geworden ist, nimmt er sich noch ein bisschen mehr Platz, verteilt sich Richtung Handgelenk und Unterarm und zieht herauf zur Schulter, sodass die gesamte rechte Seite meines Oberkörpers von ihm besetzt gehalten wird. Ich habe keine Kraft mehr, etwas zu tun, was überflüssig ist, also folge ich der Dringlichkeit der inneren Stimme und schaue und staune: Der Schmerz ist ein Statthalter meines neuen Sehens. Mein Platz geht nicht verloren, kann gar nicht verloren gehen, wenn ich meine Macht, mich vorzudrängen und auch den Schmerz wegzudrängen, aufgebe, im Gegenteil, ich schaue und staune noch mehr – mein Platz wird deutlich fühlbar und lehrt mich das, was ich schon immer gewusst habe. Wir sollen nicht um unseren Platz in der Welt kämpfen, wir haben diesen Platz schon, wir sind dieser Platz. Die Welt ist in uns und wir in ihr, wir sind ein bilderreiches Zusammenspiel, das nur der Tod beenden kann. Dann werden wir Erde und geben der Erde, was ihr gehört. Doch bis dahin, Luft und Feuer, ich habe meinen Geist aus euch erhalten, und nun lade ich meinen Körper ein, es euch gleichzutun und ausgewogen zu handeln. Was gibt es sonst zu beklagen? Eigentlich nichts. Ich denke an das Murren so vieler Menschen mitten in einem Luxus einer durchkomponierten kapitalistischen Welt, denen jetzt das Fernbleiben von den Cafés schwerfällt, und ich entsinne mich eines Satzes von Lidia Ginsburg, der mich letztes Jahr im Frühling wochenlang begleitet hatte, bevor wir von New Hampshire mit dem Auto, das uns das Dartmouth College zur Verfügung gestellt hatte, nach New York fuhren und in den schönen Räumen unserer großzügigen Naomi über Ostern Gäste sein und mit ihr Pancakes backen und Grapefruitsaft trinken konnten. Erst wollte ich mich auf dem Weg nach New York selbst ans Steuer setzen, machte aber den kapitalen Fehler, damit schon vorher anzugeben, und als es dann soweit war, schreckte ich zurück, und wieder fuhr mein unerschrockener Gregor, so, wie er in Mexico City, Paris, Rom, Kairo und Istanbul gefahren war. In ihren „Aufzeichnungen eines Blockademenschen" schreibt Ginsburg: „Bevor man über ein soziales Übel murrt, sollte man sich vergewissern, ob es nicht den Platz eines noch tödlicheren Übels besetzt." Und bevor man das alte Übel wiederhaben will? Müsste nicht jetzt jeder von uns besonders achtsam sein, weniger reden und mehr schweigen, um nicht eine noch zu gebärende Zukunft zu überhören? Meine Art zu schweigen: über Monate hinweg nur schreiben und nicht über das Geschriebene zu sprechen. Ich lasse das im Schweigen Errungene mit sich selbst allein, damit ich es später, zu gegebener Zeit, wie einen Baum beschneiden kann.

Ich will nicht in die Maschinenwärme der alten Zeit zurück, die in unserem Jahrhundert eine neue Form von Sklaverei mit einer schicken Schleife verpackt und unendlich viele Pullover möglich gemacht hat, unendlich viele Hosen, unendlich viele T-Shirts und was auch immer sonst, die die Lungen der Menschen auf der anderen Seite der Welt unendlich effektiv vergiftet hat, echte Lungen von echten Menschen, die für unseren viel zu überfüllten Kleiderschrank arbeiteten. Ich will in einer neuen Welt leben – in der ich keine privaten Sklaven habe und niemanden ausbeute oder zu Krankheiten anderer beitrage. Ist der soziale Hedonismus der kapitalistischen Welt jetzt vorbei? Ist diese Mauer, die eisern das innere Leben der Menschen eingepfercht, es in endlose Wunsch- und Habenlisten verwickelt hatte, nun eingestürzt wie jene Berliner Mauer, die unweit meines hiesigen Wohnortes unzählige Reisende Tag für Tag zum Checkpoint Charlie gelotst hatte, zu einem entleerten Ort der Inszenierung von Erinnerung, an dem nichts anderes zum Tragen kam als der Wunsch der Gestrandeten, etwas von diesem Ort zu besitzen und es wie einen Teddybären mitzunehmen. Dieser Vorgang der historischen und geistigen Entleerung ist jetzt einem neuen Wirken gewichen. Die Leere der unteren Friedrichstraße spricht tief in mich hinein. Die Vögel singen. Der Frühling schreitet einher, wie immer ist alles für ihn am richtigen Platz. Ich kann nun wie nie zuvor wirklich sehen, wo die Mauer stand und wie ungeheuerlich und aussichtslos ihr Bestreben war, die Menschen auf Dauer voneinander zu trennen.

Je länger unser heutiger Zustand der sozialen Isolation, wie der körperliche Abstand voneinander allenthalben genannt wird, andauert, desto klarer wird mir das Muster, das die Geschichte uns anbietet – nichts hält für immer, auch das hier wird vorbeigehen, so wie einst die sozialistische Welt zusammenbrechen musste, ist nun mit COVID-19 die Selbstverständlichkeit der gierigen kapitalistischen Zeit ihrer alten Prägung zu Ende gegangen. Nur sitzen wir noch in unseren Wohnungen in einer Art Zwischenwelt fest und warten auf die uns verändernde Wirkung neuer Dankbarkeit genauso sehnsüchtig wie auf den Impfstoff. Werden wir jetzt die Forscher besser bezahlen als die Fußballer? Die außereuropäische Produktion fairer gestalten, jene, die für uns arbeiten besser entlohnen? Teilen lässt sich lernen. Aber schon ist nachzulesen, dass große europäische Firmen wie C&A und Primark etwa in Bangladesh, Myanmar oder Kambodscha einfach ihre Verträge brechen und nicht einmal die Waren annehmen, die schon fertiggenäht sind – sie lassen die Menschen im Stich, die teilweise seit Jahrzehnten für sie tätig sind.

Was kann ich, was können wir tun? Einfach von den Rücksichtslosen nichts mehr kaufen? Es gibt eine gute, nützliche Wut, die, in Sprache gebracht, sinnvoll sein kann – wenn ich allein den Verantwortlichen schreibe und ihnen berichte, dass ich nichts mehr von einer Firma kaufen möchte, die sich so beschämend verhält, wird ein Brief mit einer Stimme gewiss nichts ausrichten können. Was aber, wenn die Verantwortlichen von fünftausend Einzelnen oder zwanzigtausend Einzelnen einen solchen Brief bekommen? Am besten handschriftlich geschrieben! Damit klar ist, es war der Hand wert, sich diese Arbeit zu machen, sich Zeit zu nehmen, das zu formulieren und das zu sagen, was gesagt werden wollte: Wir haben eure Rücksichtslosigkeit bemerkt! Wir werden sie nicht vergessen! Dann könnt ihr eure Rechnungen um Verluste und Gewinne neu ausrichten. Mit realen Zahlen rechnen und mit realen Menschen arbeiten und verstehen, dass hier Schicksale und Leben miteinander verflochten sind und dass wir alle Verantwortung füreinander tragen. Und nach Lösungen suchen sollten und nicht mit der kapitalistischen Guillotine einfach das tun, was wir schon immer getan haben: die anderen von unserem Wohlstand und Glück einfach abschneiden. ¡No pasarán!, so nicht – Ihr Herzlosen!

Der Vogelgesang nimmt überhand. Jetzt werde ich morgens von den Vögeln geweckt. Die Autogeräusche, die mir so sehr zugesetzt hatten, rücken vollständig in den Hintergrund. Heute ist Mittwoch, und ich höre die schwungvolle Arbeit des Vormittagswindes, schaue auf die langsam ausschlagenden Blätter der weißen Hortensie. Das junge Grün ist so schön und tritt mit einer Leichtigkeit in die Welt, dass es mich an die durch alles hindurchflimmernde Sanftmut erinnert, die manchmal in Initiationsträumen unsere Bildwelt betritt. Mit fester Freundlichkeit beharrt das Grün auf seinem Hier. Ich möchte es umarmen, dieses Grün, aber das erlaubt mir seine Zerbrechlichkeit nicht. Ich sehe, dass das Grün mir seine Sprache wie ein neues Bewusstsein hinhält, und das in ihm waltende Leben ist eine tief beschenkende Augengleichung für die kommenden Stunden dieses sonnigen Frühlingstages, den wir wieder in der Wohnung verbringen werden. Am Nachmittag werde ich die im Baumarkt ergatterten Pflanzen mit meiner Tochter umpflanzen. Die Innenwelt ist jetzt eine Mathematikerin. Wir haben dennoch Besuch von der Außenwelt bekommen: unsere wöchentliche Bio-Gemüsekiste ist aus Brandenburg geliefert worden. Wir freuen uns selbst über die nicht mehr ganz so frisch wirkenden Pastinaken. In der alten Blumengroßmarkthalle, wo sonst die Mitarbeiter des Jüdischen Museums arbeiten, ist schon seit einer Woche niemand mehr zu sehen. Ob die Arche Noah vor dem Ausbruch des Virus fertiggestellt wurde oder nicht, kann ich nicht mehr herausfinden. Ich vermisse die Lichter in den Büros. Die Zeit ist aus den Fugen geraten und nun wird sie lange brauchen, um sich wieder einzufinden, und vielleicht versöhnen sich jetzt Kairos und Kronos in unser aller Leben, finden zueinander und führen Gespräche über unsere Zukunft in der Zeit, die uns gemeinsam als Lebenszeit zugeteilt ist. Diese eine Welt ist jetzt durch die Krise verbunden und zeigt sich als das, was sie schon immer war – als untrennbarer Zusammenhang. Was Kultur und menschliche Schönheit in all ihrem Ausdruck nicht vermocht haben, zwingt COVID-19 uns zu sehen: Wir sind eine Menschheit. Jetzt gewöhnen auch wir uns langsam an, auf das zu verzichten, was einst in der Außenwelt selbstverständlich auf uns wartete, so wie es die Menschen taten, die in Leningrad und Sarajevo unter Belagerung ausharrten. Nur müssen wir hier und heute nicht hungern und können einkaufen gehen oder Lieferdienste bemühen, wenn wir uns nicht unnötig dem Virus aussetzen oder andere gefährden wollen. „Als mir ins Bewusstsein trat, dass der Himmel blau ist, dass da Knospen sind und Blätter sein werden, die im Wind rauschen, erschrak ich, ich fürchtete mich vor der neuen Jahreszeit, die für die Erstarrung eine Bedrohung darstellte", schreibt Lidia Ginsburg in ihren Erinnerungen an das belagerte Leningrad. Sie habe damals an einer speziellen Blockadekrankheit gelitten: der Willensschwäche. „Doch hinter dem Fenster lag, in seltsamer materieller Nähe und in unermesslicher geistiger Entfernung, die Welt mit einer Vielzahl von Dingen, die ich einmal geliebt hatte."

Jeden Tag erinnere ich mich an das, was ich in den Straßen meiner Stadt beim einst sorglosen Herumgehen geliebt habe. Ich versuche mir aber auch inmitten der manchmal apokalyptisch wirkenden Leere alle möglichen äußeren Fakten über das Virus zu merken, und wenn ich mich zum Schreiben hinsetze, vergesse ich alles, was die Virologen, Ärzte und die aus dem Nichts aufgetauchten anderen Experten gesagt haben. Diese merkwürdige Auslöschung der Bescheidwissenden zwingt mich ganz in meine Innenwelt. Es erscheint mir ohnehin alles als ein Dazwischen, etwas, das den unaufhaltbaren Prozess sichtbar macht, in dem wir uns befinden. Was immer auch an neuen Erkenntnissen in mir strandet, sie werden gleich überschrieben, und mein Bewusstsein rätselt hinterher, was noch einmal wie erklärt worden war und wie lange das alles gedauert hat. Einleuchtend wie immer hingegen bleibt ein Satz von Kafka, der mich auf der Homepage der kleinen Kreuzberger Buchhandlung „Kommedia" wie ein alter Freund aus der Anfangszeit der Zeiten grüßt und eine Medizin auf meiner Reise durch die Eingeschlossenheit der Tage ist: „Von außen wird man die Welt mit Theorien immer siegreich erdrücken und gleich mit in die Grube fallen, aber nur von innen sich und sie still und wahr erhalten." Franz K., der alte Gefährte, dessentwegen ich mit sechzehn unbedingt nach Prag reisen wollte und den meine einstige Analytikerin Jungscher Prägung vor ein paar Jahren in einem Nebensatz „einen richtig kranken Menschen" nannte, hat mir schon oft geholfen, auf der Seite des geistigen Gesetzes zu leben und das zu lesen, was mir als Schicksal erscheint – und als Tatsache, wie Kafka es sagt, dass man sich selbst nicht entkommen kann. Seitdem die Pandemie uns alle umzingelt und mich ins Innere zwingt, denke ich immer wieder an Kafkas Tagebucheintrag beim Ausbruch des Ersten Weltkrieges, als er schrieb: „2. August. Deutschland hat Russland den Krieg erklärt. – Nachmittags Schwimmschule." Immer wieder stehen die Nachrichten von der verheerenden Wirkung des Virus im starken Kontrast zu dem, was ich tue. Meine Pasta Volanti (in der Toskana hergestellt) mit Kichererbsen koche ich mir trotz der Information, dass in Italien nun niemand mehr rausgehen kann, ohne einen triftigen Grund anzugeben. Meine Freundin Maike hat mir das Rezept gegeben, weil ich über Monate hinweg nicht einmal Zeit hatte, mir in Ruhe etwas zu kochen. Die Freundinnen fehlen mir, die Gespräche, die Licht und Beschwingtheit in mein Bewusstsein bringen. Diese Gleichzeitigkeit von allem, was ist, ist manchmal ein so starkes Gewicht in meinen Gedanken, dass ich zum ersten Mal seit zwanzig Jahren mich daran erinnere, wie wohltuend doch eine Zigarette sein konnte, damals, als ich noch bereit war, meine Lungen zu vergiften. Ich staune über mich selbst. Über die Gegenwart, in der ich lebe, darüber, dass wir uns so schnell an all das gewöhnen können, was Leiden, Not, Begrenzung und Kraft mit sich bringen. Wir können jetzt auch nicht mehr einfach so aus dem Haus gehen, es sei denn, wir haben ein sinnvolles, gut begründetes Ziel. Es ist wie in einem Science-Fiction-Film, einem Gedanken aus der Zukunft, der uns eingeholt hat und der bleiben will. Meine Liebe für Umwege und das ziellose Umherstreifen, die mein Denken und Schauen (also mein Leben) in der Außenwelt geprägt haben, münden nun auch ins Innere – offenbar hat das Labyrinth meiner Seele, die innere Burg, wie sie Teresa von Avila genannt hat, genau auf so etwas gewartet. Ich kann mir nicht mehr entkommen. Mein Schicksal rezitiert mir vielfach Vergessenes. Die Außenwelt gibt es nicht mehr. Der Panther windet sich im Käfig. Ich bin mein Tier, meine Zeit – meine Zähne tun plötzlich alle weh. Zu meiner Zahnärztin will ich jetzt nicht, weil sich der

Gedanke einschleicht, gerade dort vollständig und wie nirgendwo sonst gefährdet zu sein, mir das Virus einzufangen; also warte ich; vier Tage später ist es vorbei, die Zähne tun kein bisschen mehr weh und ich bin also doch noch dem Tod von der Schippe gesprungen. Humor hilft, die gedehnte Zeit auszuhalten, ihr standzuhalten. Unsere hypochondrischen Tendenzen bringen mit Sicherheit gerade tausend andere Menschen auch dazu, einfach ein bisschen abzuwarten. Ohne Corona wäre ich wohl sofort auf dem Folterstuhl gelandet und das helle Licht der Zahnarztlampe hätte mit Sicherheit irgendeinen Schaden an meinen Zähnen gefunden. Gut, dass ich hier bin und nicht dort. Warten arbeitet dem Denken und dem Atmen zu.

Immer mehr Menschen sehen wie Rilkes Panther aus ihren Wohnungen hinaus auf die einst begangene Welt vor ihrem Fenster, die jetzt einer uns einenden planetarischen Wirklichkeit zum Spiegel geworden ist. Wir nehmen Abschied von dieser Zeit, in der uns alles zu gehören schien, der Himmel, die Meere, die Urlaubsreisen, die Hotels, die Strände, die Geschäfte, das allzeit wählbare Brot, die Flüsse, die wir begradigt haben und die nicht einmal mehr wie Flüsse aussehen – wir haben sie gekapert mit unserem Gift, mit unserem Müll, mit unseren maßlos gewordenen Wünschen nach Kontrolle. „Stop the Virus of control." Gestern, beim Joggen im Gleisdreieckpark, las ich diesen Satz auf einem Container, jemand hatte ihn mitten im Lockdown dort verewigt. Wer sich jetzt über die Schutzmaßnahmen beschwert, die ergriffen werden, um das Virus an seiner schnellen Ausbreitung zu hindern, sollte diesen Satz noch einmal lesen. Ich lese ihn auch noch einmal. Welche Kontrolle ist gemeint? Die Kontrolle, der wir jetzt ausgesetzt sind, ist ein Spiegelbild unserer allumfassend betriebenen Bändigung, die wir dem gesamten Planeten und jedem Stückchen Natur aufgezwungen haben. Das Virus braucht uns, wir sind seine Träger. Ohne uns kann es nicht überleben. Was wir sind, ist also auch das Virus. So, wie wir leben und so, wie wir uns bewegen, so lebt und bewegt sich auch das Virus. Es ist keine außerplanetarische Kraft. Wir sind die Quelle seiner Struktur. Wir leben hier. Die Erde ist der Ort dieses Gesprächs. Vielleicht kommt jetzt die Unsterblichkeit des Flamingos zum Tragen, vielleicht erinnern sich jetzt wieder viele Menschen an den Vogel Phönix, der sich aus seiner eigenen Asche zu erheben vermag. Ich denke viel an den Phönix. Und an die Asche. Der Name „Phoenix" ist altgriechischen Ursprungs und bedeutet flammendes Rot. Das passt zu einem Fabelwesen. Was aber, wenn es auch zu uns passt? Das Virus verbrennt unsere alten Vorstellungen von uns selbst. Das flammende Rot hat derzeit nichts erhaben Mythisches, dazu sind wir zu nahe dran, auch wenn einige Menschen, die die Infektion überstanden haben, von einem starken Brennen in der

Lunge und im Brustbereich sprechen. Während wir unser Augenmerk auf Vorgänge in unserem Körper richten, wird gerade ganz ohne Feuer unser altes und als wirkmächtig imaginiertes Selbstbild verbrannt. Es erfährt jetzt schon seine Wandlung. Warum sollte es uns anders ergehen als dem mit der Zeit mythisch gewordenen Vogel Phönix, der in verschiedenen Kulturen und über die Zeiten hinweg immer wieder seine Erscheinungsform veränderte und damit auch eine andere Funktion innehatte. Im alten Ägypten stand er unter anderem Namen für Wiedergeburt. Was kann er uns heute noch sagen?

Meine Tochter hat jetzt ein Frühlingsbuch, wir grüßen die Blumen und die Vögel einzeln und haben nun zu dritt alle Jahreszeiten in Bilderbüchern und im Leben zum zweiten Mal durchlebt. Meine Innenwege kommen auf eine seit Jahrzehnten in mir arbeitende Frage zu sprechen: Welche Freiheit ist möglich, wenn mir die Wahl genommen wird, die Freiheit zu leben, die ich als meine eigene empfinde? Kommt dann die Freiheit an sich, also die einzig denkbare Freiheit zum Tragen? Das, was ich heute unter allen Umständen bin, denn jetzt bin ich wie noch nie zuvor ich selbst. Die Dichte der Zeit ist für mich als Druck auf meiner Lunge zu spüren. Manchmal muss ich mich dazu durchringen, die Luft nicht anzuhalten. Dabei bin ich eine geistige Schwimmerin in dem mich umgebenden Bewusstseinsmeer, das, parallel zu den anderen

Weltengewässern der Erde, in mir als das Bild einer Wirklichkeit erscheint, in der ich nicht meine eigene Schwimmrichtung vergessen darf. Sonst bin ich im Geschrei der äußeren Theorien und Denkweisen gefangen, verloren für die einzig mögliche Welt: jene, in der ich mir die Langsamkeit nicht wegnehmen lasse. Es ist jetzt die Zeit, in der alles neu wird und neu werden muss. Und ich, mein Körper und mein Denken bilden keine Ausnahme. Bevor etwas neu wird, muss das Alte in seiner Radikalität und Dunkelheit aufscheinen, es muss sich als Schatten zeigen. Wir werden Kraft brauchen, um das zu verstehen, was wir an Abgründigkeiten in die Welt gegeben haben. Wir Menschen. Wir. Alle zusammen. Und jeder für sich. Ich weiß, dass der Schatten an mir schon Gefallen gefunden hat. Er wird nicht weichen. Er weiß, dass ich es jetzt weiß. Mein Unwissen kann mich nicht mehr vor seiner Beharrlichkeit schützen.

Gestern kam mir die Eingebung, dass dieser Zustand der sozialen Isolation, des Eingesperrtseins, des Maske- und Handschuhtragens, des permanenten Händewaschens und Desinfizierens, in dem uns jede Türklinke, jedes Treppenhausgeländer als Terra incognita erscheint, noch lange andauern wird. Heute in einer Woche ist Karfreitag. Die Auferstehung wird dennoch auf sich warten lassen und sich länger hinziehen. Wenn es anderthalb Jahre dauern würde sind das nur 540 Tage. Nichts also im Vergleich zur

Leningrader Blockade, die 900 Tage dauerte und in der an die 1,1 Millionen Zivilisten starben – meist an Hunger. Nichts auch im Vergleich zur Belagerung von Sarajevo. In der bosnischen Hauptstadt mussten die eingeschlossenen Menschen unter Beschuss 1425 Tage aushalten. Mit der längsten Belagerung im Zwanzigsten Jahrhundert ging eine Luftbrücke einher, die die Versorgung von Hunderttausenden sicherstellte und die länger als die Berliner Luftbrücke dauerte. Während der Belagerung von Sarajevo wurden 56.000 Menschen teilweise schwer verletzt, 11.000 Menschen starben – darunter 1600 Kinder. Wir aßen unsere Chips vor dem Fernseher und sahen den Athleten bei den Olympischen Winterspielen zu, die für uns ihre Kunststücke vollführten. Es war letztlich egal, ob für andere Menschen der gewaltsame Tod zur gleichen Zeit mucksmäuschenstill oder laut kam. Jetzt sind wir alle gleichgestellt, der Tod hat sich lange im Vorfeld angekündigt, aber ausgesetzt sind ihm stärker als wir, die wir noch gesund sind, all jene, die in Krankenhäusern ihr Leben riskieren, um den vom Virus betroffenen Schwererkrankten zu helfen. Sie tun das, was unsere modernen Gesellschaften und Denkweisen nicht mehr kennen oder nicht wahrhaben wollen. Sie opfern sich. Das unermesslich Gute daran hat eine solche Kraft, dass es, ob wir es wollen oder nicht, unser Bewusstsein nachhaltig verändern wird. Gut gemeint ist das Klatschen auf den Balkonen, es gilt dem Klinikpersonal und findet allabendlich um 21 Uhr statt. Einmal habe ich mitgemacht, danach wirkte es sehr befremdlich auf mich. Die applaudierende Entladung der Hilflosigkeit, was könnte man sonst mit der Kraft tun, die ihre Stelle beansprucht – wohin das Empfundene lenken, frage ich mich. Vor meinem inneren Auge erscheinen betende Hände jener frommen, stillen Menschen, die in meiner Kindheit einen so starken Eindruck auf mich machten. In jeder Notlage sind sie mir Helfer und rufen ins Innere. Ich falte jetzt die Hände wie auf Dürers Stich, das Gesicht seiner Mutter kommt in diesen Bildbereich dazu. Es ist ein Raum der Stille. Ich sitze da und weine. Sehe in mich hinein und auf das Gesicht meines schlafenden Kindes. Die Sammlung der Hände hat Gottes Augen: sie zeigen mir, dass ich lebe und liebe und leben und lieben darf. Obwohl ich keine Angst vor meinem eigenen Tod habe, erzittert etwas in mir, eine Ehrfurcht vor dem Leben wird mir spürbar und sie verbündet sich mit der Bereitschaft der Hände. Hingabe ist die Folge, Hingabe an das, was ich nicht ändern kann, was uns auferlegt ist als Dauer und Zeit jenseits der Uhren. Lidia Ginsburg beschreibt in ihren „Aufzeichnungen eines Blockademenschen" den Tod ihrer Mutter, den sie lange Zeit verdrängt, da sich zwischen ihr und der Mutter aller gegebenen Not zum Trotz alte Beziehungsmuster von Macht und Ohnmacht einschleichen. Erst als die Mutter an

Hunger stirbt, begreift die Tochter, dass sich zu diesem Tod dieselbe Frage wie zu diesem Leben stellte: „Was hätte man tun können?" Und weiter: „Vielleicht wäre die Rettung möglich gewesen, aber zu einem extrem hohen Preis. Aber man hätte trösten, beruhigen, das Sterben begehen können. Auch das hätte eine riesige Anspannung, einen Aufwand an Seelenkräften erfordert. Dafür hätte man *verstehen* müssen. Verstehen, dass der Zustand nicht endlos dauern würde. Dass das die letzte Krankheit war. (…) Er verstand es zu spät. Oder man hätte Liebe in sich finden müssen. Womöglich wären Liebe und die Rettung dieses elenden blutsverwandten Lebens durch die Liebe seine grausame kreative Arbeit wert gewesen." Doch erst nach der Hast, als das Denken wieder möglich wurde, konnte Ginsbergs Erzähler namens Otro wirklich begreifen, „dass Liebe nötig gewesen wäre." Mit diesem Blick zeigt sich jetzt das genuin Menschliche, „in der Eile" und in einer unausgefüllten, an Liebe mangelnden Zeit war es Ginsburgs Erzähler abhandengekommen. Können wir etwas anderes von uns sagen?

Über eine unausgefüllte, aber nicht freie Zeit wusste die 1902 in Odessa geborene Lidia Ginsburg aber viel zu sagen. Da sie mir nun wieder in den Sinn kommt, stelle ich fest, dass ich erstaunlicherweise letztes Jahr genau um diese Zeit ihre „Aufzeichnungen eines Blockademenschen" bei einem Aufenthalt im besagten amerikanischen New Hampshire gelesen habe. Ihre Texte bildeten damals einen starken Kontrast zur durchorganisierten, bunten Welt der Shoppingmalls und zu all jenen scheinbar federleichten Verlockungen eines überall auf Konsum ausgerichteten Blicks, der selbst in der Provinz mit kleinen idyllischen Weilern das Leben bestimmt. Die hungernde Lidia Ginsburg hingegen beschreibt eine Existenz ohne Farben und fern jeden Grüns, eine Stadt unter Beschuss und unerbittlicher Besatzung. Die ihr Nächsten sind „Blockademenschen", die nicht in einem Lager, sondern mitten im urbanen Raum dem Tod ausgeliefert sind, zusammen mit ihren Arbeitskollegen, im Kreis ihrer Familie und in den Wohnungen, wo sie „wie erfrierende Polarforscher um ihr Leben kämpfen". Als am 27. Januar 1944 die Rote Armee den Belagerungsring schließlich sprengte, war die Literaturwissenschaftlerin Lidia Ginsburg ungewollt auch eine Erzählerin und Verhaltensforscherin geworden. Als eine der wenigen Intellektuellen, die sich nicht ausfliegen ließen, war sie ihrer alten Mutter wegen in der Stadt geblieben. Das Lesen der Bücher und der Menschen ist sowohl mit der Schrift verbunden, als auch mit dem Erzählen und Sehen. Wie Sehen Bewusstsein stiftet und Veränderung anstoßen kann, davon handelt Literatur in ihrem Kern.

Ginsburgs in Leningrad verfasste Erzählungen von Mitleid und Grausamkeit brachten sich von selbst wieder ins Spiel, als in diesem nahezu kosmisch anmutenden Lockdown der Welt die Menschen von heute auf morgen in ihren Wohnungen auf sich selbst zurückgeworfen waren. Unter ganz anderen Vorzeichen, die für uns mit COVID-19 sichtbare Wirklichkeit wurden, erlebten aber auch wir „das Aufhören von Betriebsamkeit". Immerzu kam mir in den ersten Wochen unseres inneren Exils das Bild von Ginsburgs sterbender Mutter in den Sinn. Der Tod umlauerte auch die Tochter, die stundenlang in der Kälte in riesigen Schlangen für eine Handvoll Essen anstehen musste und akribisch alles in kleine Portionen aufteilte, damit es für den Tag reichte. Während in ihrem Bericht täglich alles schlimmer wurde, der Hunger, die Dunkelheit, der Frost, die Verrohung, die entsetzliche Hast auf der Suche nach Essbarem, klagten bei uns die Menschen darüber, dass sie nicht jederzeit ins Restaurant essen gehen konnten. Zurückgeworfen auf die Familie, die Lidia Ginsburg als „das letzte ethische Faktum" unter Belagerung beschrieb, erschien mir unsere Lage als weniger misslich oder dramatisch, zumal die Zurückgeworfenheit auf unsere Wohnungen anderen Menschen hilft und die Krankenhäuser entlastet, es also (endlich!) nicht nur um unser Ich geht.

Vielleicht liegt dieses Empfinden aber auch an meiner frommen und zeitgleich sozialistischen Kindheit und der rigorosen, mein inneres Leben prägenden Erfahrung des Mangels, der aber, wenn man klein ist, nicht als solcher erlebt wird. Da ich nichts anderes kannte, war das Leben einfach das Leben. Ein mit einem schlichten Ofen geheiztes Zimmer war schon ein großer Segen, der Rest des Hauses blieb in den Wintern kalt. Wenn ich jetzt das Wort Verzicht höre, kann ich zudem, je mehr Zeit mit Corona vergeht, nicht anders als immerfort an die Belagerung von Sarajevo zu denken, die (ich muss es wieder und wieder sagen, da diese Weltwunde immer noch ungesehen ist und immer noch schwelt) noch länger als die von Lidia Ginsburg beschriebene dauerte. Sarajevo unter Beschuss. Bei Kälte. Mit einer als Kriegsküche bekanntgewordenen Leidenszeit. Wir waren und sind nicht auf diese Weise gefährdet. Ich sehe meine bosnische Freundin vor mir, die Schneiderin Ismeta, die diese Zeit wie durch ein Wunder unversehrt in ihrer Stadt überstanden hat. Sie und andere bosnische Freunde erzählten mir darüber, wie sehr die Menschen damals die Bücher liebten und bei frostigsten Temperaturen ihren Kant, Rousseau und Shakespeare nicht verbrannten, um zu heizen, denn irgendwann mangelte es an Holz. Selbst wenn das eine aus der Rückschau gefertigte idealistische Korrektur des eigenen Gedächtnisses gewesen sein mag, so ist diese Liebe für das Wort dennoch wahr. Noch etwas anderes ist wahr: das Bedürfnis nach Schönheit, der ich, wie die Frauen von Sarajevo, von Beginn an während der Pandemie folge. Dabei ist die Schönheit nicht vom Lippenstift abhängig, sondern an die Form gebunden, die eine starke Energie ist. Ich denke dabei an Meliha Varešanović, die den Krieg in Bosnien überlebte und Tag für Tag, den Blicken der Heckenschützen ausgesetzt, zur Arbeit ging. Melihas Mutter überlebte die Belagerung von Sarajevo nicht. „Ihr werdet uns nicht brechen." Dieser „einfache Gedanke", hat sie einmal die Worte ihrer Mutter zitiert, habe sie über den ganzen Krieg hinweg getragen. Der englische Fotograf Tom Stoddart fotografierte sie kurz vor einer Explosion, als sie von der Arbeit nach Hause ging; sie wartete einen Augenblick und ging dann in ihrem schönen Kleid weiter, als sei nichts geschehen. Sie strahlt Würde, Widerstand und Stolz auf diesem Bild aus.

Ich trage weiterhin morgens meinen Lippenstift auf, achte auf Farben und Kleidung, so, wie es mir entspricht. Diese Achtung vor sich selbst, die sich auch auf das Erlebnis der Zeit auswirkt, das habe ich von den Frauen von Sarajevo gelernt. In diesem Bewusstseinsvorgang liegt für mich ein Text verborgen, der mich in genauer Freundlichkeit anblickt. Das Innere, meine eigentliche Art zu schauen, ist nun für ein paar Wochen der Ort unser aller Leben geworden. Ich sehe, dass der alte Kreis, in dem die Menschen sich von morgens bis abends bewegt haben, ein Teufelskreis, ein bewusstseinsferner Kreislauf war, in dem vor allem das Wegrennen vor sich selbst sichtbar wird. Derweil erobert der Gesang der

Vögel den städtischen Raum. Hört man hin, weiß man, dass Amseln nicht lügen. Der Kreis sei, so Lidia Ginsburg, das Blockadesymbol des in sich geschlossenen Bewusstseins. Plötzlich frage ich mich, wann eigentlich wir in diesem geschlossenen Bewusstsein gelebt haben werden, vor COVID-19 oder mitten in der Pandemie? Ich glaube der Wachheit der Amseln. Ginsburg fragt, wie der Kreis sich denn durchbrechen ließe. „Die Menschen rennen im Kreis und erreichen die Realität nicht", sagt sie. Was aber ist „die Realität"? Endlich ist diese Frage für alle, die ich kenne, lebenswichtig geworden. Wer schreibe (und das gilt nach meinem Empfinden auch für den, der liest), notiert Ginsburg, beginne, ob er wolle oder nicht, ein Gespräch mit dem Außerpersönlichen. „Denn die Schreibenden sterben, und das Geschriebene bleibt, ohne sie zu fragen." Über den Kreis zu schreiben bedeute auch, den Kreis zu öffnen – eine Tür in ihm mitzudenken. Immerhin sei das irgendeine Tat. Ginsburg beschreibt das als „gefundene Zeit im Meer der verlorenen". Für die Menschen in den genannten belagerten Städten im Kriegszustand war es, wie „Die Aufzeichnungen eines Blockademenschen" erzählen, die zu den größten literarischen Zeugnissen des Zwanzigsten Jahrhunderts gehören, „stets ein unerreichbarer Traum gewesen, ihr Leben und Arbeiten zu ordnen. Es hätte zu viel Mühe gekostet, das Leben zu entrümpeln." In der sogenannten Leningrader Atempause geschah genau das: „Jetzt wurde es entrümpelt: von allerlei Geschwätz, von diversen Substituten und Täuschungen, von Unstimmigkeiten in der Liebe, von den Anforderungen eines zweiten oder dritten Berufs, vom quälenden Ehrgeiz, der die Menschen dorthin gebracht hatte, wo sie nicht hingehörten…" Diese Worte von Lidia Ginsburg klingen seltsam vertraut und nah, so klar treten ihre Denkkonturen in unserem heutigen Raum und in unserer Zeit hervor, als sei das von ihr Erlittene und das im Leiden durchschrittene Leben eine direkte Einbringung in diesen betörend schönen Frühling unseres wildausschlagenden Jahres, das schon in der Wiederholung der Zahlen etwas andeutet, das nicht nach Abkürzung aussieht, sondern eher eine Aufgabe in sich trägt, die uns nicht erlauben wird, um diese Frage herumzukommen: Wohin gehören wir, wenn wir nicht zueinander gehören?

Wir können überhaupt nicht getrennt voneinander leben. Seitdem wir wissen, dass die Atombombe uns alle auf die gleiche Weise zerstören kann, ist dies nicht nur ein bloß romantischer Gedanke. Die tödliche Wucht, mit der dieses Wissen nach den Barbarismen des Zweiten Weltkrieges in unser aller Leben getreten ist, ist die gleiche, die uns mit einem Virus wieder daran erinnert, dass auf dieser Erde nichts und niemand voneinander getrennt ist. Die nun erneuerten Beziehungen, die uns, dem Himmel sei Dank, wie so oft in der Geschichte der Menschheit nicht in Hunger, Krieg und Belagerung offenbar wurden, sind unser eigentliches, unser wahres Leben. „Wenn ihr nur wüsstet", schreibt Lidia Ginsburg, „was Kälte und Finsternis bedeuten, wenn sie keine Metaphern sind". So wie diese extremen Leidenserfahrungen für sie keine Metaphern waren und auch für uns nicht sein dürfen, so ist auch der Mensch, heute und zu allen Zeiten, kein Symbol, sondern bleibt immer ein atmendes Wesen, dem das Leben geschenkt ist. Vielleicht verhilft COVID-19 unverhofft zu einer neuen Redlichkeit im Denken und Fühlen, und es können auch die Unredlichen (und jeder von uns ist immer wieder einmal Teilhaber beider Sphären gewesen) von diesem inneren Exil lernen. So oder so hilft es, an die Einfachheit zu glauben und ihre große Kraft zu erleben, die Henry David Thoreau in seinen „Briefe(n) an einen spirituellen Sucher" auf den Punkt gebracht hat – es sei sowohl erstaunlich als auch traurig, schreibt er, welch große Menge banaler Angelegenheiten selbst der weiseste Mensch im Laufe des Tages meint erledigen zu müssen. Der Mathematiker hingegen, sobald er ein schwieriges Problem lösen wolle, befreie die Gleichung zunächst von allen Behinderungen und reduziere sie auf ihre einfachsten Glieder. „Vereinfachen Sie also", schreibt Thoreau am 27. März 1848, „das Problem des Lebens, nehmen Sie das Notwendige und das Wirkliche wahr. Erkunden Sie die Erde, damit Sie sehen, wo Ihre Hauptwurzeln verlaufen."

Die inneren Blicke offenbaren weitaus gewichtigere äußere Tatsachen, als wir gemeinhin glauben wollen. Es ist Zeit, das Innere als Landschaft in der Landschaft zu erkennen, die wir unser Leben nennen. Und ich kann sie nur lesen und gestalten, wenn ich den vielfachen Spiegelungen meines Bewusstseins nachspüre. Das Sehen allein ändert mehr als fortwährendes, vom eigenen Atem abgewandtes Tun. Poesie ist nicht nur Schrift, sondern auch Teil dieses Atems der Welt in der Welt der Welt.

Nun sind wir seit Wochen in einen Zustand jenseits der Hast versetzt und können nur in unserer Innenwelt handeln. Wie ein bescheidener Stein liege ich manchmal erschöpft und müde neben meiner Tochter und höre ihrem Atem zu. Sie schläft friedlich ein, nachdem ich mehrmals ein Löwengesicht für sie machen musste. Ein Spiel, das aus dem Nichts aufgekommen ist und nach dem sie nun allabendlich verlangt. Die Innenwelt ist leise, und einer Barke gleich steigen die Gedanken in mir auf, wenn ich nach einem kurzen Einnicken meiner Pflichten gewahr werde, die Küche aufräumen, die Pantherzeit auf dem Balkon bestreiten, Mandelstam lesen. Die tägliche Ordnung, die täglich in der Stimme transportierbare Liebe zu diesem Leben voller Verwandlungen. Manchmal, wenn ich auf dem Sofa zu einem Buch greife, schließe ich kurz die Augen, atme durch, um den Übergang von der einen in die andere Welt zu vollziehen, von der Welt der Erschöpfung, des erschöpften Körpers, ja es gibt ein Altern der Zellen (ich danke ihnen) und dem Aufscheinen des lesehungrigen Geistes, und in diesem Zwischenbereich, in dem der Atem aus einer stilleren Quelle hoch und in die Lunge kommt, blitzen die Augusttage all meiner Inselzeiten in mir als Sonnenlandschaft auf, in der die Salamander als die flinken kleinen Götter all meiner Sommer vorstellig werden, die ausgiebig die Wärme der Steine genießen. Nun bin ich ein Stein, der wärmt und an dem der kleine Körper eines Kindes lehnt, bis wieder Atem in mich einströmt und ich mit Rilke in den Abend schreite. Gestern in Begleitung eines jungen Mondes. Nun, im Sonnenschein des Frühlings, nehme ich die Gedichte von Yves Bonnefoy zur Hand und lese: „In den Bäumen aber,/ in der kaum erblickten Flamme der Früchte/ hielt hart das Schwert des Roten und Blauen/ die erste Wende offen,/ die einst bewohnte und verlorene mit der Nacht.// Der Engel, der spät im Hier zum Leben kam,/ zerriss wie ein Kleid in den Bäumen,/ regsam seine Schenkel unter den Lampen/ schienen im Blattwerk aus Materie und Nacht." Wohin ich auch dieser Tage schaue, ob in die Wipfel der Bäume oder auf die beweglichen weißen Wolken, überall ist die Gegenwart der Engel wahrnehmbar, die sich auflösen und im Zerreißen ihrer Gestalt meine Augen herausfordern. Wolkenbotschaften. Einst in der Kindheit waren wir alle so klein von

Gestalt und so groß im Geist, dass wir alles hätten sein können, ein Buchstabe, eine Wolke, ein Salamander, ein Gott, ein Engel ohne Worte und Macht, aber mit Bilderflügeln ermächtigt, in der Ganzheit zu leben und zwischen den Welten zu reisen. Ich frage mich, was mit Menschen geschehen muss, damit sie diese Innenwelt verraten und auf die metallisch harte Seite der Gewinne und der Gier wechseln. Oder wechseln nicht alle Menschen die Seiten? Gibt es Menschen, die schon immer ihre Seite haben und dort einfach nur bleiben wollen?

Als vor ein paar Wochen auf der Hand lag, dass COVID-19 weitreichende Folgen haben und in einer Pandemie gipfeln würde, informierte der amerikanische Geheimdienst die führenden Politikerinnen und Politiker der USA: Vier von ihnen verkauften sofort ihre Aktien und traten dann vor die Kameras, um die Menschen zu belügen, denen sie sofort hätten helfen müssen. Ziel war also zuerst die eigene Bereicherung und der gleichsam sofortige Übergang zur Lüge – eine genauere Abbildung unserer in die egomanischen Kräfte der Raffgier und Unwahrheit verwickelten Welt hätte es zu Beginn dieser Pandemie gar nicht geben können. Nun, viel zu spät, wird also der Blick auf die Menschen ausgerichtet. Fast nebenbei haben wir erfahren, dass Ende Februar ein Jogger, ein fünfundzwanzigjähriger schwarzer Amerikaner, von einem weißen Polizisten und seinem Sohn ermordet wurde. Eine weitere Spiegelung, ein Hinweis auf unsere weltweit unmenschlich blickenden Augen. Was verstehen wir unter Menschsein? Dort, wo wir bisher weggeschaut haben, schaut nun das Leben, vor allem aber sein Stellvertreter, der Tod, zurück. Wie lange wollen wir noch zusehen und weitermachen? Wie viele Menschen müssen noch sterben, bis wir verstehen, dass wir alle gleichgestellt sind in unserem Menschsein? Der Jogger hieß Ahmaud Arbery. Wenn überhaupt sein Name genannt wurde, ist er heute schon von den meisten vergessen worden. Ich will mir diesen Namen merken.

Nun füllen sich in New York die Leichenhallen der vollkommen überforderten Bestattungsunternehmen. Wer ist hier und wer ist dort „wir"? So wie Corona uns zwingt, dem Tod in seiner derart würdelos verwalteten Erbarmungslosigkeit ins Gesicht zu schauen, so können wir auch sehen, wie wir über Jahrzehnte hinweg mit dem uns umgebenden Leben und der Natur umgegangen sind. Jeder Tod hält die Zeit kurz an. Jeder einzelne Tod durch COVID-19 ist ein schmerzlicher Tod. Wir wurden schon lange dazu aufgerufen, uns zu ändern, genau zu sehen und etwas aus dem Gesehenen zu machen. Einen neuen Anfang. Eine andere Atemluft. Jetzt sterben Menschen an diesem Virus, aber nicht nur, irgendwie sterben sie auch an unserer Kaltblütigkeit und den entleerten Worten, die ihr zugrunde liegen, an einer Sprache, die nicht eingelöst wurde.

2008 wurde die Weltgemeinschaft schon deutlich durch die artifiziellen Kapitalblasen darauf aufmerksam gemacht, dass sich eine falsche Lebensrichtung aus der Gier der Spekulanten, Millionäre und Oligarchen in uns alle eingeschrieben hat. COVID-19 pocht darauf, das Mosaik unserer überall niedergeschlagenen Gier und Gleichgültigkeit zu lesen, sie in uns selbst ausfindig zu machen. Es geht um den Einzelnen. Um das Leben an sich. Um den Wert eines atmenden Wesens, einen Wert, der nicht verhandelbar ist. Die Not der Tiere war uns noch egal, als der sogenannte Rinderwahnsinn sie heimsuchte, die Vogelgrippe und die Schweinepest auftraten – die Fleischindustrie, gestützt durch unser Kaufverhalten, machte einfach weiter wie bisher. Kein Gammelfleisch hat die Menschen dazu gebracht, über ihren Fleischkonsum nachzudenken. Wie bei allem ging es vornehmlich um Ökonomie, um Geld, um den Preis von etwas und nicht um die Ethik, nicht um Mitgefühl, nicht um Weisheit, nicht um Natur, schon gar nicht um Liebe für andere atmende Wesen. Den Regenwald, die Lunge unseres Planeten, haben wir fast schon zerstört – und dann wundern wir uns, dass unsere Lungen Gefahren ausgesetzt sind, die wir nicht mehr kontrollieren können? Mir ist es ein Rätsel, warum uns das ein Rätsel sein kann. Diese maßlose Überbeanspruchung anderen Lebens und des Planeten hat schon lange jegliches Gleichgewicht hinter sich gelassen. Der Kapitalismus ist auf eine diabolische Weise zu allem und jedem gleichgültig geworden, und dass wir seine Handlanger sind, scheint uns gar nichts auszumachen. Auch die Lohnarbeiter, die ausgenutzt werden, sprechen in ihrer Ausgesetztheit allenthalben zu uns. Auch das ändert nichts an unserem Dasein als Gleichgültige.

Als ich in der Schule als Jugendliche über den Weberaufstand von 1844 erfuhr, war ich, an dieses Gefühl erinnere ich mich genau – denn es war das erste bewusste Erleben von geschichtlicher Zeit –, unendlich dankbar, wie ich damals glaubte, in einer anderen Welt zu leben. In Gerhart Hauptmanns „Die Weber" lasen wir von hungernden, ausgemergelten Menschen, die in ihrer Armut und Hoffnungslosigkeit um ein paar Pfennig Lohnerhöhung oder einen kleinen Vorschuss bitten. Seit einigen Jahren denke ich immer wieder an dieses Erlebnis des Lesens und sehe, dass meine damalige, tief empfundene Dankbarkeit umsonst war – zu der Not anderer hat sich unsere Gier dazugesellt, die sich bitter anfühlt und uns blind macht für das Leiden, das wir mit dem vermehren, was wir ansammeln, während andere Menschen mitten in unserem Wohlstand an allem kranken, was wir uns mit unserem Geld vom Leib halten können, weil sie unsere Sklaven geworden sind. Der Kapitalismus, der so etwas möglich macht, das sind wir, jeder Einzelne von uns, der etwas kauft, das einem verantwortungslosen Denken entspringt.

Fleisch ist nicht nur ein Produkt. Fleisch kommt von Tieren, Fleisch ist zuerst Teil eines Körpers, der einem anderen Lebewesen gehört hat, bevor wir ihn unserem Körper einverleibt haben. Wieder sprechen die Tiere in einer Krise zu uns, wieder zeigen sie uns, was wir falsch machen. Die riesigen Kühlhäuser für die Fleischmassen, die wir angeblich brauchen, arbeiten dem Virus zu, das uns mit allergrößter Genauigkeit erzählt, wie unterkühlt die Struktur unseres raffgierig gewordenen Denkens ist. Wir haben aus den Tieren eine morbide Industrie gemacht. Es ist falsch, den Atem anderer Lebewesen zu vergessen und Gewinne um jeden Preis für sich selbst zu beanspruchen. Jeder, der Fleisch isst, müsste einmal in seinem Leben einem Tier in dem Moment in die Augen sehen, in dem es getötet wird. Wir sollten hören können, wie Tiere weinen, wenn sie getötet werden, damit wir etwas von ihrem Fleisch essen. Wir sollten hören lernen, dass Tiere leben. Dann erst sind wir in der Lage, Dankbarkeit für das zu empfinden, was wir uns von ihnen nehmen. Wenn wir dazu fähig sind, werden wir den Tieren wieder ebenbürtig sein; vorher nicht. Jedes Lebewesen hat seinen eigenen Platz auf der Erde, verliert es diesen durch Gewalt, sind auch alle anderen an ihrem Platz gefährdet.

Die Busse in meiner Straße fahren seit Tagen leer an unserem Haus vorbei. Sie sehen unwirklich aus, wie etwas Artifizielles, gut Gemachtes aus einem japanischen Zeichentrickfilm, von einnehmender Echtheit und doch so surreal, als würden auch sie jetzt lange üben müssen, um wieder das werden zu können, was sie sind. Der Sonntagmorgen ist erfüllt vom Vogelgesang. Die Bäume erwachen wipfelweise in ihrem Grün. Es ist ein farbiger Segen für meine Augen. Die Natur übernimmt die Luft. Meine Gebete aus dem Jahrhundertsommer in der Zeit meiner Schwangerschaft, in der jedes unnatürliche Geräusch eine Qual war, sind also auf überraschende Weise erhört worden. Mein Bitten und auch einst ein verzweifelt-trotziges Weinen – dass die Autos verschwinden und ich die Amseln, Spatzen und Spechte hören kann, war existenziell. Es tut weh, dass mir dieser Wunsch auf diese Weise erfüllt worden ist. Wie oft habe ich mir noch in den beiden Sommern davor meine Stadt als Pionierin vorgestellt, die mit der enormen visionären Energie vieler Freiwilliger die (nur noch in bürokratischen Abläufen denkenden) Politiker dazu bringen würde, die Autos aus den Wohngebieten zu verbannen, und an den Straßen Obststände und neue Cafés zu eröffnen, und andere urbane Lebensräume zu schaffen, die mit der Natur verbunden sind. Aber Berlin schafft es nicht einmal dann, neue Radwege anzupassen, wenn mehrere Menschen von Lastwagen immer wieder an einer Stelle überfahren werden und ihr Tod auf ein Umdenken pocht. Obststände hingegen sind wahrscheinlich im Vergleich zu den wirklich lebensnotwendigen Radwegen noch utopischer – was auf den ersten Blick keinen Nutzen verspricht, wird zynisch abgefertigt. Vor meinem inneren Auge tauchen bei diesem Gedanken jene ganz anders lebenden Aprikosenverkäufer auf, die ich vor vielen Jahren in Usbekistan auf der alten Seidenstraße zwischen Taschkent und Fergana ins Herz geschlossen hatte, ihre herrlichen Gewänder, bunt bestickt, die fröhlichen Brotverkäuferinnen, die sich selbst bei Minus fünfzehn Grad zu keinerlei Launenhaftigkeit hinreißen ließen und sich mit ihrer Kraft und Zielgerichtetheit in mich und mein Innenland einschrieben, als wären wir den Sprachen und Ländern zum Trotz, die uns trennten, für immer miteinander verbunden und verwandt. Heute weiß ich, dass wir über diese Verwandtschaft immer verfügen, dass sie unsere geistige Bestimmung ist und dass jede in Würde und Ehrlichkeit gelebte Kraft sich in uns vervielfacht und in anderen spiegelt, sich in alles einschreibt, dem wir begegnen. Es trennt uns nichts voneinander. Wir gehen einander in Gedanken und Taten voraus, und nun pflücken wir die Birnen, Kirschen und Pflanzen des gemeinsam erschaffenen Bewusstseins, auf das wir jetzt, in der Absonderung voneinander, intuitiv zurückgreifen, weil wir nicht mehr unruhig oder lustvoll oder hungrig oder sehnsuchtsvoll umherwandern und einander umarmen können.

Durch die Gitterstäbe der nach innen verlagerten Zeit blitzt hier und dort ein lang gezogener Ewigkeitssonntag auf, eine andere Empfindung der Stunden, die von den Lügen und der Gewalt der Mächtigen unberührt geblieben ist, seit in unser Bewusstsein in rigoroser Zielgerichtetheit Lügen als Wahrheiten eingepflanzt werden, bereits seit Jahren. In Russland beispielsweise sterben seit zwei Jahrzehnten in alle und alles entblößender Offenheit mitten auf der Straße all jene, die in ihrer journalistischen oder politischen Arbeit auf der Wahrheit beharren. Und wir alle machten so weiter wie bisher, weil jene, denen wir unsere politische Stimme schenken, nichts Beunruhigendes daran fanden, dem Teufel sein Teufeldasein mit gutem Zureden zu erhellen. Aber auch wir taten nichts. Nicht einmal weinen konnten wir um den überall und allenthalben uns umschleichenden Tod. Wir hatten uns an ihn gewöhnt, daran, dass die Herzen verschlossen blieben, das es verpönt war umeinander zu weinen oder einander grundlos anzulächeln. Das war das erste, das mir vor ein paar Wochen auffiel, als das Virus unsere Aufmerksamkeit zu beanspruchen begann – dass es so vielen Menschen schwerfällt, einfach nur zu lächeln, grundlos – ohne etwas dafür haben zu wollen; und dass Tränen eine Bedrohung darstellen. Irgendwie entsetzte mich diese Abwesenheit der Lächelnden fast noch mehr als die Gefahr einer Ansteckung, und ich kann es seither nicht mehr von dem Ausbruch der Pandemie trennen. Manchmal kommt mir der Gedanke, dass dieses Getrenntsein von den anderen eine Art Wachstumsprozess ist, in dem etwas Neues, von uns nicht Planbares entsteht, so, wie es dem Frühling gerade eigen ist. Als Hannah Arendt in den blutigen Ereignissen des Ungarnaufstandes von 1956 den Beginn von etwas Neuem sah und schon so früh auf eine Legitimitätskrise des sowjetischen Imperiums verwies, glaubten ihr viele nicht. Aber in einigem haben sich ihre theoretischen Erkenntnisse über das Verhältnis von Macht und Gewalt als grundlegend für das erwiesen, was später in 1989 münden sollte. Wir wissen noch nicht, wofür wir jetzt heranwachsen und was aus den Erfahrungen, Gedanken und Visionen dieser Corona-Zeit in eine Zukunft münden wird, die wir noch nicht kennen können. Aber vielleicht kennt diese Zukunft uns und wird sich dann an uns erinnern und um unsere wahren Namen wissen.

Ich habe die im Baumarkt besorgten Pflanzen eingesetzt. Die Minze, der Schnittlauch, die Erdbeeren, sie führen jetzt ein Gespräch mit der Erde, die ihnen Leben schenkt. Alles wächst, auch der im letzten Sommer hinzugekommene Feigenbaum treibt aus und stellt sich auf neue Blätter ein, denn die alten hat er abgeworfen. Warum sollte der Mensch da eine Ausnahme sein, warum die Natur ausgerechnet ihn jenseits der Jahreszeiten verorten und ihn nicht herausfordern, wie sie jedes neue Pflänzchen herausfordert, jetzt, in diesem von der Sonne beschenkten

April, der uns in die inneren Stunden eingeschleust hat und nicht so schnell den äußeren Uhrzeigern wieder anvertraut werden wird. Es ist, als würde auch die Zeit und dazu eine gänzlich neue nachwachsen müssen, als sei die alte an ihr Ende gekommen und hätte uns in diesem Zwischenzeitalter allein mit uns selbst gelassen, bis wir wieder offen genug sind, das Verbindende dieser einen Welt wirklich zu fühlen und nicht nur darüber zu sprechen. Unseren inneren Augen konnte es nicht verborgen bleiben, dass es keine alten Trennungen mehr geben kann. Die Sonnenuhren haben es aber nicht geschafft, in alle Seelenräume vorzudringen. „Es ist Zeit, dass es Zeit wird", wie es in Paul Celans „Corona"-Gedicht heißt. Die Unausweichlichkeit dieses verbindenden Gedankens bringt sich jetzt radikal durch COVID-19 in unsere Welt ein, die nun ein Gefängnis geworden ist und uns das zeigt, was schon lange der Fall ist: Wir haben uns selbst in eine Gefangenschaft gebracht, aus der wir uns auch selbst wieder herausholen müssen. Wie lange werden wir noch durch die Gitterstäbe hinaussehen und Rilkes Panther ähneln? Jetzt kann niemand von uns den Koffer packen und in ein anderes Land reisen. Die stillgelegte Zeit hilft uns, neue und längst überfällige Zusammenhänge zu sehen, uns in dieses Andere hineinzudenken, als wäre es jetzt schon ein Acker für die Zukunft, die erst still in uns wachsen muss, bevor sie im Außen wieder berührbar werden kann. Ist das die Zeit, die das Ende der mir unerträglich gewordenen Gleichgültigkeit bringen wird? Gibt es wenigstens eine winzige Chance, dass all die offensichtlichen Spiegelungen unserer inneren Verfasstheit uns helfen, ein Leben in Integrität für denkbar zu halten? Auch die Gleichgültigen haben eine Lunge. Wir atmen alle die gleiche Luft. Oder etwa nicht?

Eine Verwandte, mit der ich lange keinen Kontakt hatte, eine gebildete Frau, schrieb mir vor ein paar Tagen eine Whatsapp, die mich aufwühlte. Im Wissen um den weltweiten Ausbruch von COVID-19, dem ein starkes Erdbeben in der kroatischen Hauptstadt folgte, lautete ihre Nachricht, kein Volk der Welt sei so wie die Kroaten bereit fürs Heim – in Anspielung an den faschistischen Gruß der Ustascha, in Erinnerung also an den Zweiten Weltkrieg und an eine Zeit, in der unzählige Menschen in kroatischen Lagern ermordet oder von dort nach Auschwitz verschleppt oder zu Hunderten vor ihrer Haustür niedergestreckt und erschossen wurden. Eine wohl als Witz gemeinte Nachricht, die mich angesichts der uns alle umzingelnden Gefahr ratlos machte. Ich schrieb ihr, ich sei wohl die einzige Kroatin, die bei einer solchen Mitteilung nicht lachen könne. Die menschlichen Schicksale von einst sprechen noch immer zu uns. Es dauerte eine Weile, dann kam eine neue Nachricht und meine Verwandte entschuldigte sich aufrichtig bei mir. Die Schnelligkeit des Mediums stand im starken Kontrast zu dem ihr sonst zugänglichen Raum der Empathie. Sie habe nicht nachgedacht, schrieb sie, die Nachricht einfach weitergeleitet – die im Übrigen mit vier Tränen lachenden Smileys versehen war. COVID-19 bringt uns auf unterschiedlichste Weise dazu, der Luft, die uns allen gehört, freundlicher zuzuarbeiten und uns Rechenschaft über unsere Gedanken abzulegen, da wir sehen, welche Rolle sie in unserem Gesamtbewusstsein und im kollektiven Unbewussten spielen können.

Diese Luft der Freundlichkeit, die uns in Freiheit leben lässt, wirkt auf unser Innenleben wie eine Verschiebung der Kontinentalplatten. Wenn ich mit meinem Rückzug ins Innere dabei helfen kann, andere Leben zu retten, wenn ich einen Beitrag leisten kann, dass die Krankenhäuser nicht überfüllt sind, dann ist dieser heutige Palmsonntag ein himmlisch heller Stern in meinen Tagen zu Hause, der beste Tag, um dieses Wissen noch tiefer in mich einströmen zu lassen. Heute Morgen sind wir im Gleisdreieck wieder laufen gewesen. Eine Amsel sang uns ihr Lied zu, und wir sprangen wie junge Hunde los, schon mit den Füßen in einem anderen geistigen Jahrhundert, das uns vorausgeeilt war, schon in Arbeit war, als das Kind, das meinen Namen trug, sich vor vier Jahrzehnten über ein weißes Lavabo beugte, Wasser von der Zisterne brachte, sich noch einmal über das nun volle Lavabo beugte und losging, um die Wiese nach den Veilchen, den geliebten violetten Freundinnen abzusuchen. Die Veilchen. Sie warteten schon auf mich in ihrer Art Zeitlosigkeit und tief beschenkt pflückte ich ihre farbig florierende, sich maßlos verschenkende Frühlingsfreundlichkeit. Wie jedes Jahr zu Palmsonntag leitete ich die Karwoche mit ihnen ein. Ich legte die Veilchen in das mit Wasser wartende Lavabo und wusch mir das Gesicht mit ihnen. Ich habe nie verstanden, worin der Zusammenhang zwischen der Karwoche und dem regionalen Brauch bestand, die Veilchen zu pflücken, außer dass sie gerade in der Osterzeit zu wachsen begannen. Auch fand ich nirgendwo sonst diese wie aus dem Heiligsten kommende Liebe der violetten kleinen Blume, die so großzügig wie bescheiden in einem war, bis ich die Erinnerungen des russischen Theologen und Universalgelehrten Pawel Florenski las, in denen er etwas über die Farbe des Veilchens für seine Kinder notierte: „Seine Farbe ist eine echte Farbe, die Farbe des echten heiligen Purpur. Und dabei verbergen sich diese königlichen, wohlriechenden heiligen Augen der Natur und geben sich nur aus der Ferne durch ihren lieblichen Duft zu erkennen, der diesem verwandt ist…" Auch die Weinrebe, die wie das Veilchen fest zu meinen ersten Lebensjahren gehörte, durchströmte die Frühlingszeiten von Pawel Florenski, der ein selten freier Mensch war und den, wie sollte es auch anders sein, der Dichter Ossip

Mandelstam schätzte. Wie viele Kinder empfand auch Florenski, „die Pflicht der erwidernden Liebe, alle Blumen abzupflücken, alle und erst recht die Veilchen..." Der Inhalt des Lebens werde nur verständlich im Zusammenhang mit seiner Umgebung, heißt es einmal bei ihm. „In den Augenblicken völliger geistiger Freiheit, wenn man sich plötzlich als Substanz erfährt und nicht nur als Subjekt seiner Zustände, wenn man vor dem Ewigen steht, dann wird man sich in aller Schärfe und Unbedingtheit der Verantwortung bewusst für alles, was je war und was ist, für die passivsten Zustände, bewusst der Unmöglichkeit, sich auf äußeres Einwirken und Einreden, auf Vererbung, Erziehung und Schwäche herauszureden. Dann ist klar: Es gibt nichts, ‚was geschah', ‚sich ereignete', ‚passierte', es gibt nicht *schlechthin* Tatsachen, sondern es gibt nur Tun, und du weißt: Das habe ich getan."

Pawel Florenski, dessen innere geistige Freiheit von geradezu kosmischer Reichweite war und dem in einem seiner Träume in der Kindheit sein Schicksal im Gulag regelrecht vorausgesagt wurde, wurde in einem der Gefangenenlager Sowjetrusslands erschossen. Seine ohne Religion verbrachten ersten Lebensjahre in einer von naturwissenschaftlichem Denken geprägten Familie führten zu einem mystischen Gotteserlebnis, das er in seinen „Erinnerungen an eine Jugend im Kaukasus" beschrieb. Er, der ein Reisender in der inneren Zeit war, übersprang die Welt der Uhren in diesem Innenland, und alles, was er später in der Verbannung zu erleiden hatte, ertrug er stoisch im Wissen um die wahren Verbindungslinien des Lebens. Obwohl er von seiner Frau und seinen fünf Kindern getrennt war und sie innig liebte, dachte er nicht in Einzelleben, sondern in weitverstrebten geistigen Generationen, denn er wusste, dass die menschenverachtende und keine Gewalt scheuende Dunkelheit der Stalinära, einmal in Gang gesetzt, wohl nicht abzukürzen und nur mit einem längeren Atem zu durchschreiten war. Die Maschinerie der Gewalt war schon viel zu weit fortgeschritten, als dass sie aufhaltbar gewesen wäre. Die Samenkörner einer anderen Zukunft, die Menschen wie er im durchschrittenen Leiden mit ihrem eingesperrten Körper erschufen, sprechen zu uns Heutigen als Botschafter einer Kraft, die nicht nur der Kommunismus, sondern, mit geschickt getarnter seelischer Gewalt, auch der Kapitalismus in uns zum Erlöschen gebracht hat. Jetzt, da wir Bewegung nicht mehr bloß vortäuschen können, sind uns die Samenkörner unserer geistigen Beschaffenheit wieder sichtbar geworden. Wir sind nicht wie Pawel Florenski Eis und Algen auf den Solowiki-Inseln ausgesetzt, aber das Salz unserer inneren Träume ist auf ein neues Leben in diesem anderen Eingesperrtsein ausgerichtet – und dieses Salz würzt nur das wahre Leben, indem es langsam die Gleichgültigkeit absterben lässt. Aus der erzwungenen Stille, die mir keinerlei Last ist, entstehen auch in mir jeden Tag neue, sich anders verknüpfende Denkweisen. Auf dem verwaisten Schulhof vor unserem Balkon spielen neuerdings Eltern selbstvergessen und voller Lust mit ihren Kindern. Ihre Körper sind eine klar konturierte Sprache, sie befinden sich auf dem Weg zueinander, sind aufeinander ausgerichtet. Sonst eilen sie immer alle nebeneinander her zu ihren Verpflichtungen, Terminen und einem durchorganisierten Außen, das sie nun mit Nachdruck verstoßen hat. Das Außen ist nicht mehr da als Ziel. Die Außenwelt hat sich derart vollständig zurückgezogen, dass es manchmal den Anschein hat, als baue sie ihre Zelte ganz und gar ab, verschwinde, so wie die Jahrhunderte vor uns verschwunden sind. Von heute auf morgen ist etwas anders, was im Unsichtbaren überaus lange am eigenen Verschwinden gearbeitet hat. Gleichzeitig wächst in mir die Tiefe einer mit allem sich verstrebenden Dankbarkeit. Ich kann die Zeit mit meinem Kind ohne jegliche Begrenzung erleben – ich denke nicht mehr daran, wie viel Zeit ich für mich haben könnte, für meine Arbeit, für mein Yoga, für meine Gespräche, für meine Freunde oder für was auch immer, wenn es erst einmal im Kindergarten oder bei der Tagesbetreuung wäre. Es ist wie ein Wunder, dass die Kraft in diesem zugespitzten Zustand sich vermehrt und das Glück mit meinem wachsenden Kind mitwächst. Wir machen jetzt alles gemeinsam, die Putz-, Bügel-

und Wascharbeiten. Wir kaufen ein, kochen zusammen und lernen mit unserer Tochter alles neu zu sehen. Das neue Sehen sieht zurück. Die Asche dieser alten Welt lockt neue Vögel an, die sich in unserer Innenwelt einen Platz für den Aufbruch in den Flug der Verwandlung suchen. Der Phönix ist kein altes Versprechen, er harrt auch in uns auf seinen Einsatz, kann über die Zeiten hinweg zu einem neuen Flug bereit sein. Die Kinder jedenfalls werden nicht mehr von den Schulen verwaltet, sondern leben Tag und Nacht mit ihren Eltern zusammen. Auch wenn es für die meisten Eltern, die mehrere Kinder haben, unendlich herausfordernd ist, diese Zeit mit Arbeit und Unterricht zu Hause zu gestalten, diese Erfahrung der Verbindung, die das Leben ohne Schule mit sich bringt, wird alle neu aufwecken. Warum überhaupt wird gelernt? Was wird gelernt? Wofür? Wer sind eigentlich die Menschen, die unsere Kinder unterrichten? Interessieren sie sich überhaupt für Kinder? Warum können die Kinder nicht wenigstens jetzt das lernen, was sie selbst lernen wollen, statt sich mit Arbeitsblättern im Internet vor dem Bildschirm zu plagen, die sie nur mechanisch abarbeiten, ohne einen Sinn darin zu sehen? Eine Nachbarin sagte mir, manche Kinder bräuchten eine Anleitung, um etwas zu lernen. Das mag stimmen. Aber vielleicht würden sie ohne Anleitung nicht nur etwas, sondern ganz Wesentliches lernen, mit etwas in Berührung kommen, das die ganze Zeit über zugeschüttet wird:

mit Anleitungen, die sie möglicherweise ganz und gar von sich selbst wegbringen. Eltern wiederum hätten in dieser einzigartigen Situation die Gelegenheit gehabt, etwas von ihren Kindern zu lernen. Auch Lehrerinnen hätte es so ergehen können – die doch am Ende nur glaubwürdig sein können, wenn sie selbst Lernende bleiben. Aber alle warten jetzt schon darauf, wieder mehr Zeit zu haben. Auf den ersten Blick ist das verständlich, auf den zweiten für alles schöpferisch Aufsteigende tödlich. Mehr Zeit zu haben, heißt nicht: sie dann auch wirklich zu haben. Manchmal ist mit weniger Zeit mehr Zeit geschenkt, weil aus dem *Druck der Zeit* die *Tiefe der Zeit* sprechen kann. Oft vergeht die Zeit, während wir nicht einmal merken, wie viel Zeit wir eigentlich verschwenden, während wir Pläne schmieden. Und aus der Rückschau stellen wir fest, dass wir für alles Wesentliche Zeit hatten, dass das Wesentliche und die Zeit selbst eine Einheit bilden.

Ich habe aufgehört, auf eine Zukunft zu warten, die mir mehr Zeit schenkt, wenn ich mein Kind in Obhut gebe, wenn, wenn, wenn – und paradoxerweise habe ich jetzt eine ganz andere Zeitempfindung, einen neuen inneren Horizont, dem die aufkeimende Zeit dieser Tage zu folgen scheint. Wenn etwas geschehen muss, damit etwas anderes geschieht, ist das, was geschieht – falsch. Meine Hand macht die andere

Reise, sie macht, was sie will, nicht das, was ich will. Sie ist immer noch geschwollen und tut bei jeder Bewegung, ja bei jedem Buchstaben während des Schreibens weh; ich versuche, mit dem Schmerz mitzugehen und ihn nicht zu bekämpfen, nicht aufzubegehren – ich sehe ihn mehr und mehr als einen verwundeten inneren Freund, der sich nur auf diese Weise ausdrücken kann. Wie Chiron, Sohn des Kronos, verzichte ich auf meine Unsterblichkeit, indem ich meine Sterblichkeit und die Endlichkeit des Lebens annehme. Der Schmerz ist wieder mein Lehrer. Anfang des Jahres musste ich schon das Manuskript meines neuen Buches ruhen lassen, weil die Hand nicht mitgemacht, sich geweigert hat, so, auf diese alte willensgeleitete Weise fortzufahren. Im ersten Augenblick war ich verzweifelt darüber. Dann entsann ich mich aller Entstehungsprozesse meiner Bücher und schöpferischer Ideen, und mir kam, nach den ersten kämpferisch rebellischen Wochen (von Anfang Januar bis Mitte Februar) der Gedanke, dass auch meine Sprache nachwachsen muss, dass dieser Zustand der permanenten Getriebenheit und des wider besseres Wissen fortwährenden Pläneschmiedens kein guter war und ich zuvor zwar objektiv vorankam, aber dieses einem Plan entstammende Vorankommen meiner seelischen Landkarte entgegenwirkte und sie sogar auf Dauer zerstörte. Max Picard schreibt einmal, dass wir durch die Schnelligkeit des Augenblickshaften von allem weggetrieben werden, was sich vor uns befindet. Gegenwärtigkeit kann es nicht geben, wenn wir der Gegenwart entfliehen und einen immer noch neuen Plan, ein neues Projekt, eine neue Idee, eine neue Aufgabe formulieren. Das wirbelt die Zeit auf und ist dann nicht mehr *vor* uns, weil es auch nicht *in* uns ist. Als ich das im Innersten verstand, ließ ich sofort von der Arbeit ab, obwohl meine Existenz davon abhängt, diese Arbeit zu tun. Der größere und schlimmere Schaden wäre die Zerstörung meines eigentlichen Urbildes gewesen, und dass es wieder fast so weit gekommen war, ließ mich nachhaltig erschrecken. Ich beschloss, die Weisheit meiner Hand wie ein Buch im Buch zu lesen, das mir helfen wollte, aus dem Schattenreich des falschen Willens herauszutreten und in einen anderen inneren Zustand einzutreten, der der eigentliche Zuarbeiter meines Tuns, ja des Lebens an sich ist. Ich ergab mich den Forderungen der Stille und begann, mit jeder kleinen und noch so auf den ersten Blick unbedeutend erscheinenden Handlung zufrieden zu sein. Im vorauspreschenden Getriebe des falschen Drucks hatte ich mich in den Wochen vor dem Ausbruch der Pandemie, wie es sonst meiner Natur entspricht, fast überhaupt nicht mehr über Gelungenes gefreut, sondern es sogleich als Vergangenes verbucht – und war mir im Geist wieder vorausgegangen, um die nächste auf mich wartende Aufgabe zu erledigen. Diesen getriebenen Zustand in einer permanent in der Horizontale sich effizient entwickelnden Zeit hat Max Picard als „atomisiert" beschrieben. Der atomisierte Mensch habe keine Zeit, weil er keine Liebe habe. Natürlich halte ich mich für einen Menschen, der durch und durch Liebe in sich hat, aber vielleicht nicht genug, vielleicht ist Liebe erst dann wirklich fließend da und bleibend in ihrem Vermögen, wenn es mir gelingt, den anderen Menschen und Dingen tatsächlich Zeit zu schenken und nicht immer nur in Zeit zu rechnen, die mir persönlich zur Verfügung steht. Der Mensch sei, so Picard, Mittler zwischen den schweigenden Dingen und dem Höheren über dem Menschen. Erst wenn ich Berührung zu dem einen und Anbindung an das andere habe, kann ich von beidem gestützt werden, aber nur dann, wenn ich dem jeweils vor mir Erscheinenden den Vortritt lasse, es äußerlich und innerlich wahrnehme und mich in meinem Sehen durch das Erlebnis des Sich-Zeitnehmens verändern lasse. „Wir müssen aus Raummenschen, die überall im Raum zugleich sein wollen, wieder Zeitmenschen werden", schreibt Picard in seinem Essay über „Die Atomisierung der Person". Diesen Text habe ich vor einigen Jahren gelesen, als es mir mit der Hand ähnlich erging wie jetzt. Picards Worte sprachen direkt zu mir und halfen mir, eine neue Ordnung im Geist herzustellen, weil sie sich aus dem Mysterium der Existenz an mich herantasteten und nicht mit psychologischen Argumenten hantierten. Es liegt auf der Hand, dass ich seine Sätze noch einmal lesen und noch tiefer mit ihnen reisen muss, denn erst jetzt, da ich gleichsam von allein mitten in dieser Pandemie nach dem Buch greife, wird mir offenbar, was Picard mit der Beziehung des Menschen zu den Dingen und der Schönheit gemeint hat. Der Mensch heute habe dies vergessen: die Dinge seien ihm gegeben, nicht nur, dass er sich selber vollende, sondern dass er auch die Dinge vollende. „Die Dinge wollen durch den Menschen deutlich sich selber werden, und die Schönheit der Dinge ist ein Aufruf an den Menschen, sich zu ihnen zu begeben und zu der Schönheit, die in ihnen ist, die andere Schönheit hinzuzufügen, die von der Wahrheit ausgeht, die der Mensch an den Dingen erkennen kann."

Von allen Dingen, die ich besitze, sind mir die Steine, die ich schon erwähnt habe, die liebsten. Müsste ich einen Koffer packen und von hier fortgehen, fiele es mir wohl am schwersten, auf die Steine zu verzichten, auf etwas also, das ich weder kaufen noch selbst machen kann. Nur den Steinen schenkte ich in all diesen Monaten mit der schmerzenden Hand ein bisschen mehr Zeit, schaute sie länger an, und jedes Mal bündelte sich eine neue Kraft in meiner Erinnerung. Die Orte, an denen ich die Steine gesammelt hatte, wurden in mir sichtbar. Ansonsten war fast ein ganzes Jahr vergangen, ohne jener tiefer in mich eingeschriebenen und immerzu auf sich aufmerksam machenden Sehnsucht zu folgen, die mich doch von innen zu berühren versuchte, und die Nelly Sachs in einem ihrer Gedichte als den Beginn von allem beschreibt – das Innehalten im Schweigen und im Wissen um eine größere und mein Ich übersteigende Schöpferkraft. Ist das fortwährende Sich-Beeilen also Angst vor der Gnade? Simone Weil weist auf unser Bedürfnis hin, immer für alles belohnt werden zu wollen. Lasse man jedoch, diese Nötigung, dieses Bedürfnis überwindend, eine Leere, so entstehe etwas wie ein Luftzug, und ein übernatürlicher Lohn falle uns zu. „Er fällt uns nicht zu, wenn wir schon ein anderes Entgelt erhalten haben: diese Leere ruft ihn herbei." Meine Hand arbeitet mit der Leere zusammen. Sie will, dass ich nichts mehr will. Dennoch muss die Sprache manchmal besonders nachdrücklich tätig sein, und das Gesagte widerspricht dann nicht dieser Leere, die Simone Weil mit der uns überall umlauernden Schwerkraft in Beziehung setzt. Ich verspreche mir, auch im Sprechen keine Belohnung mehr zu erwarten. Keinen Zuspruch. Keine Befürwortung. „Jede Art von Belohnung", so Weil, „setzt unsere Energie auf eine niedrigere Stufe herab."

Nach einer Zeit der Verirrung in der Zeit, in einem also innerlich ungewollt unter Hochdruck geführten Leben, kam eines Tages und pünktlich zur letzten

Adventzeit etwas in mir mit einer solchen Entschiedenheit zum Erliegen, dass ich merkwürdige Herzschmerzen bekam, unberechenbar stechend und fordernd, und bald darauf fing meine Hand immer wieder mal an zu zittern – lange noch, bevor die Schwellung sichtbar war. Ja, ich wollte weiter meine Arbeit tun, aber die alte Zeit, in der ich stundenlang Notizen gemacht hatte, immer zum Fenster in Richtung Baumwipfel hinaussehend, um mich in geistiger Ruhe zu üben, bevor ich zum Schreibtisch ging, diese Zeit war schon lange vorbei. Mein Kind war mir zur Sonne des allenthalben Beweglichkeit jedweder Art fordernden Lebens geworden und brauchte mich. Nun konnte ich selbst erleben, dass die schon seit Jahrzehnten in mir wirkende ganzheitliche Erkenntnis der Zeitgleichheit nicht nur in der Welt, sondern auch in mir selbst wirksam war und das Kleine sich sekundenschnell im Großen spiegelte und umgekehrt. Ich war ohne die Empfindung irgendeines Widerspruchs alles auf einmal, Mensch, Mutter, Schriftstellerin, Gärtnerin, Köchin, Philosophin, Mystikerin, Leserin, Vortragsreisende, Mitarbeiterin der Sonne und des Sommers, von Handschmerzen Geplagte, Augustgeborene, Liebende und so vieles mehr, und dass ich, wenn ich selbst in Trennungen dachte, die Kraft des inneren Ich-Bin-alles-Zusammen nicht tragen und auch nicht wirklich verlebendigen oder zueinanderführen konnte. Auch wurde mir klar, dass die falsche Denkrichtung der

Zeit – alles am Ende doch, oft auch wider besseren Wissens, in Trennungen und nicht in Verbindungen zu fühlen und dem Gefühlten gemäß zu handeln – ein großer Schmerz im Leben vieler moderner und von den Technologien unserer Zeit bestimmter Menschen war. Bei aller Liebe (nicht bloß nur im intellektuellen Verstehen) war ich nicht mehr bereit, mit einem falschen Schweigen etwas zu unterstützen, das meinem inneren Empfinden widersprach. Aber kaum hatte ich mich zu dieser Klarheit durchgerungen, kam schon die Situation, die mich herausforderte. Immerhin gelang mir innerlich und nun gedanklich, in der Bearbeitung dieser Situation, mir treu zu bleiben. In den letzten Monaten meiner Schwangerschaft, als mich eine Freundin fragte, ob das Kind in meinem Bauch neutral sei, erschrak ich sehr. Damals war gerade ein Bewusstsein für das dritte Geschlecht möglich geworden, und ich hatte mich gefreut, dass Menschen, die in ihrer Sichtbarkeit zurückgesetzt wurden und die, mir vollkommen unbegreiflicher Weise, andere mit ihrem Hiersein offenbar bedrohten, endlich frei wurden und in ihrer Selbstbenennung etwas Revolutionäres für uns alle taten: Sie wurden auch sprachlich das, was sie waren. Diese Freiheit machte in meiner Wahrnehmung die Luft der geistigen Offenheit schöner und kostbarer, weil jedes frei gelebte Leben (wie auch das unfreie) mit allen anderen Leben verbunden ist – und nun wurde diese Freiheit in etwas so Merkwürdiges wie das Wort „neutral" überführt. Nach meinem inneren Erleben sind die Menschen, die sich die Freiheit nehmen, sich selbst so zu benennen, wie es ihnen entspricht, uns in vielem voraus. Ihre Wahrheit erinnert uns an unsere Lügen. Und auch wohl daran, dass das, was der wahre Name, das wahre Wort und das wahre Leben ist, nicht mehr in uns lebt und also auch nicht zu uns spricht, weil wir es in uns selbst verschüttet haben, weil wir vergessen haben, dass Sprache in ihrem Ursprung auch ein Urbild der Wahrheit in sich trägt, und uns darauf aufmerksam macht, dass jede Lüge in unserem Geist früher oder später einen Ort in unserer Sprache findet. Die Selbstbenennung in tief empfundener Einheit mit sich selbst ist vielleicht deshalb für viele Menschen eine Herausforderung, weil sie diese im eigenen inneren Leben nicht mehr finden können. Nun stolperte ich also über das Wort neutral, das weder den Menschen gerecht wurde, die sich im dritten Geschlecht an ihrer neuformulierten Wahrheit freuten, noch uns, die wir gerade erfahren hatten, dass unser Kind ein Mädchen sein würde, dass es gesund war – die Nieren waren intakt, die Füße, die Ohren, die Augen, alles, was zu einem gesunden Körper gehörte, war in unserem lieben Herzenssatelliten vorhanden. Und in dieses Glück der wachsenden Gesundheit wuchtete sich das Wort *neutral* ein. Mein Kind ist gesund, dachte ich, es ist nicht neutral, und ich selbst wollte es auch nicht sein. Diese Welt der stark im Singular denkenden Identitäten, die die holistische Wahrheit des Lebens unterwandern, darf sich jetzt im Lockdown ausruhen. Vielleicht schaffen wir es irgendwann, einander aus dieser neu erfahrenen Ruhe heraus wirklich zu sehen und wahrzunehmen. Unsere Stärke rührt vom erlittenen Schmerz, nicht von der Härte, die sich in starren Identitäten und einer mit ihnen einhergehenden kühlen Sprache ausdrückt. Alle Verwandlungen sind einer Asche geschuldet, aus der das wahre Leben aufersteht, weil das Falsche von uns abfällt – wenn wir es ihm zugestehen und den Abschied erlernen. Wichtig ist gerade jetzt in unserer Zeit, dass wir auch das würdigen und anerkennen können, was uns in unserer Vorstellung als das Andere begegnet. Zum einen hat das Andere, selbst wenn es ganz und gar nicht so beschaffen ist, wie wir es uns vorstellen, einen Wert an sich. Und dann ist das, was uns als das Andere erscheint, immer auch etwas, das in uns selbst lebt, abgedunkelt noch, von der geheimen Seite des Spiegels kommend, eine Sprache, die den Versuch unternimmt, mit uns ins Gespräch zu treten und uns die größere Welt zu zeigen, in der auch wir selbst leben.

Meine Hand hat mir die Ruhe abverlangt, die COVID-19 jetzt nicht nur in meinem Leben vollstreckt. Wieder einmal habe ich mich abgeklopft und überprüft, ernsthaft überprüft, ob das, was ich tue, wirklich das ist, was ich bin. Ja, es ist das, was ich im Innersten bin, das Schreiben ist mir kein Beruf, es ist mein innerstes Leben. Ich schreibe unter allen Umständen. Mit Schmerzen. Wenn ich Geld dafür bekomme. Und wenn ich kein Geld dafür bekomme. Wenn ich gesund bin. Und wenn ich krank bin. Wenn es Sommer ist. Und wenn es Winter ist. Nachts. In den frühen Morgenstunden. Am Sonntagabend. Am Wochenende. Wenn ich erfrischt bin. Und wenn ich müde bin. Wenn ich vom Joggen komme. Ich schreibe, wenn ich keinen Vertrag für ein Buch habe. Und ich schreibe, wenn ich einen Vertrag für ein Buch habe. Ich bin Schriftstellerin. Also schreibe ich auch jetzt, da COVID-19 uns ins Innere verweist und mit dem verbindet, der wir in diesem Inneren sind. Wer wir hier und heute sein können, hängt auch davon ab, ob und welche (eleganten, banalen, gefährlichen) Lügen wir einander erzählen. Vor allem aber, welches Ausmaß an Lüge und an der ihr entspringenden Verdunkelung in uns selbst waltet.

Unendlich viele innere Blick- und Lebensweisen hängen davon ab, was uns in den ersten Jahren unseres Lebens als Wahl zwischen Lüge und Wahrheit begegnet ist, wie wir uns einst entschieden und auf welche Lebensspuren wir dieserart geschickt wurden. Die erste laut ausgesprochene Lüge. Die erste laut ausgesprochene Wahrheit. Die daraus erfolgten Erfahrungen mit der eigenen Stimme und mit dem eigenen Körper sind geistige Wegweiser, die nach sprachlicher Abtragung verlangen und uns helfen, echt zu sein, indem wir die Wege unserer Entscheidungen nachvollziehen. Auch die spirituelle Sinnverdunkelung tut das, so wie es bei mir war am Anfang dieses schon in der Zahl 2020 Synchronizitäten aufrufenden Jahres, als alles Erwünschte innerlich zusammenbrach, weil meine Hand mir Einhalt gebot. Ein paar Wochen zuvor hatte mich einer meiner Leser nach einem Vortrag am Goetheanum in Dornach angesprochen und mich um meine Adresse gebeten, weil er etwas mit mir teilen wollte, was sich mündlich nicht schnell teilen ließ. Nach einer Lesung aus meinem Roman „Das Wasser unserer Träume", in dem es um die Rückkehr eines Menschen (er erwacht aus einem Koma) in irdische Gefilde und eine Auferstehung in ein neues, vom wacheren Bewusstsein getragenes Leben im Wissen um geistige Verbindungen geht, wollte dieser ältere Herr mir etwas über sein Nahtoderlebnis schreiben. Ich bin sonst eher zögerlich mit dem Herausrücken meiner Adresse. Dieses Mal fühlte ich eine innere Freundlichkeit in mir aufscheinen, und ich schrieb ihm, ohne viel darüber nachzudenken, meine Adresse auf. Kurze Zeit darauf kam ein Brief, und er durchschritt das in mir, was Mircea Eliade „Illud Tempus" genannt hat, eine Zeit, die nach der Jung-Analytikerin Marie-Louise von Franz „auf Messers Schneide zwischen Zeit und Nichtzeit liegt" – und sich in einem „außerzeitlichen Moment der Schöpfung" befindet. In dem Nahtoderlebnis spielten Sonnenblumen eine entscheidende Rolle, die dem im Koma Gefangenen in einem Traum vor dem Erwachen als zementtristes Grau erschienen, bis ihm die Sehnsucht nach einer Rückkehr zu seiner Frau so viel Kraft schenkte, dass ein Streben zu Gott die ursprünglichen Farben der Sonnenblumen ermöglichte und sie wieder leben ließ. Der Reisende darf die Sehnsucht als das wahre Leben sehen und wird so wieder Teilhaber des eigenen Körpers, der von den Farben beatmet wird. Ich denke jetzt im Lockdown fast täglich an diesen Traum, der ein geistiges Geschenk war. Die Sonnenblumen mit den aufgerichteten gelben Köpfen kommen mir dieser Tage besonders intensiv wieder in Erinnerung. Als sie das erste Mal in meiner Bildwelt anklopften, wartete noch das auf mich, was nach dem „Illud Tempus" als bestimmender Kern des Zeiterlebens auf den Fuß folgt, wenn man nicht an der Kontrolle festhält und sich dem wissenden Farbleben der Sonnenblumen (also dem Unbekannten) überlässt: das zeitlose Zentrum des Seins beginnt zu sprechen.

In diesem ruhigen Zustand des Ursprungs entstehen neue und von Innen gewendete Augen. Nicht nur sehen wir dann die Zusammenhänge neu, es sind die Zusammenhänge, die uns anschauen, und das erzeugt einen bisher nicht gekannten Druck in uns, der sich auch im Körper Ausdruck zu verschaffen sucht. Die

Klarheit der inneren Bilder, der Natur innen und außen, das Wahrnehmen der Sprache und all dessen, das mit und ohne Worte gesagt wird, ist so deutlich in die Seele gemalt, dass es sich wie im Augenblick entstehende Schöpfung zeigt und als solche vor dem Tor der Innenwelt entsteht – sich also als das von uns und in uns erschaffene Leben neu festigt. Plötzlich begriff in mir etwas (es war nicht mein Ich) den kostbaren Zustand der Welt, die Vollständigkeit von allem, und dass meine Wünsche, etwas oder jemanden verändern zu wollen, ohne mich selbst zu bewegen, ins Leere liefen und jedes noch so winzige Eingreifen in die Welt eines anderen ein bedeutender Übergriff war, weil es sich vom Ursprungskern zum Ich zurückbewegte und das Ich gar nicht alles überblicken konnte, was sich im Fließen der Zeit offenbarte. Das Verharren aber im zeitlosen Innenraum brachte wahre Möglichkeiten des Handelns mit sich und ließ mir und den anderen den Willen, mit dem wir permanent etwas verändern wollen. Die Entschleunigung, die COVID-19 mit sich brachte, verknüpfte mich wieder und nun vollständig mit dem Kern der Zeitlosigkeit, und jetzt leitet mich jener magnetisch wissende Binnenraum, dem die Hand so stark ausgesetzt ist, dass sie noch immer die Vermittlerrolle zwischen innen und außen übernimmt. Manchmal klopft es mitten in der Innenhand so stark, dass ich Angst bekomme, da könnte mittig etwas platzen und mich für immer in diesem

Zustand der Verletzlichkeit und der Schmerzen zurücklassen. Das Klopfen scheint aber manchmal tageweise Heilung zu bringen und macht mir keine Angst. Die Entzündung will immer noch nicht weichen. Vielleicht braucht sie genauso lang für ihren Rückzug wie für ihre Entstehung. Ich erschrecke bei diesem Gedanken, denn recht besehen sind es Jahre, die zu diesem Zustand der Entzündung geführt haben. Ich übe mich in Geduld, alles Ungelöste so stehen zu lassen, wie es ist, ihm Zeit zu lassen, es nicht selbst lösen zu wollen – wer weiß, was ich sonst alles kaputt machen würde. Rilke singt es mir vor, der nächste Sommer wird mich nicht im Stich lassen, er kommt doch immer, wohl aber nur zeitgleich als Segen und Jahreszeit zu den Geduldigen. Ich weiß jetzt, dass ich noch auf dem Weg in diese fruchtbare Geduld bin und dass meine Hand innere Zeit braucht, um aus der äußeren Zeit herauszutreten, durch die sie in den Zustand dieser Gefangenschaft gekommen ist. Jetzt ist diese Zeit ein großer Garten. Die Vögel sind nun den ganzen Tag über zu hören. Abends sind eifrige Amseln in einer der Stieleichen zugange, wenn ich auf den Balkon trete und mich mit Rilkes „Panther" verbinde und die Zeilen des Gedichtes lese, das jeden Abend an Tiefe gewinnt und an Kraft, die mit jeder Rezitation in meine Stimme übergeht. Ich sehe nun Tag für Tag die immer fester auftretende Klarheit des Himmels, die blaue Stunde ist wieder erlebbar in ihrer Deutlichkeit, die den Tag von der

Nacht trennt und die Farbe der Träume ankündigt. Die Sterne sind so sichtbar wie kaum je vorher in der Stadt. Die Venus ist erschreckend hell wie ein allernächstes Wesen. Jedes Mal, wenn ich aus dem Fenster sehe, sieht sie zurück, so als hätte sie mir etwas zu sagen, das ich bisher versäumt habe zu erleben. Sie sieht mich, denke ich einmal, als bei meiner Nachbarin Jinok, die ein koreanisches Restaurant in unserem Haus betreibt, wieder gesungen wird. Dieses Mal singt Anne-Lisa, die auch bei uns im Haus lebt. Auf dem Platz vor der Blumenthal-Akademie haben sich Leute im Corona-Abstand versammelt. Der Gesang ist von betörender Schönheit. Ein Geschenk, an dem sich alle freuen. Die Konzerthäuser haben alle geschlossen. Und hier verschenken die Stimmen sich an alle, die Sehnsucht danach haben, ein Konzert zu hören. Unsere liebe Jinok sitzt am Klavier und ihre schönen Räume sind eine Komposition der Freundschaft und Warmherzigkeit. Anne-Lisa hat wie alle Sängerinnen gerade keine Bühne in der Stadt. Die Opernhäuser und Theater haben geschlossen. Sie verkauft jetzt aus purer Freude an einem roten Stand in der Rudi-Dutschke-Straße Erdbeeren und sieht umwerfend aus in ihrem Retro-Blumenkleid, leuchtend, schön und zufrieden.

Die Luft ist viel reiner als vor dem Lockdown, fast kann ich sie schmecken, auch das ist eine Erfahrung aus der südeuropäischen Kindheit, in der selbst die Winde einen Geruch hatten, der etwas vorausschickte, das uns manchmal erst Tage später als Wirklichkeit erlebbar wurde – Trockenheit, Feuchtigkeit oder Staub auf den Blättern und Grashalmen. Cornelius aus Wien ging es ähnlich, er sagte mir am Telefon, er habe den Schnee in der Luft seiner dörflichen Kindheit in Österreich geschmeckt, lange bevor die Flocken vom Himmel fielen. Der Vollmond gestern hatte eine so starke Kraft, dass von seinem Leuchten ein traumhafter Sog ausging. Ich begriff nun, was ich selbst als Kind erlebt und nun an meiner Tochter sehen konnte – ein ehrfürchtiges Eingebundensein in seinen runden Glanz, sein Lichtauge, das uns anschaut und zu dem wir in magischer Verbundenheit unwillkürlich hinaufsehen, wenn in der Welt Stille waltet. Ich konnte mich kaum losreißen. Erst später begriff ich, dass ich, ohne mich vom Fleck zu rühren, fünfzehn Minuten lang auf seine Länder gestarrt hatte, wohl wie wirklich zuletzt in der Kindheit, als ich mich im Alter von fünf Jahren gefragt hatte, ob die Amerikaner einst auf dem Vollmond oder auf dem Neumond gelandet waren – und ich beschloss, dass es wohl der Vollmond gewesen sein müsse, der Neumond schien mir nicht Platz genug zu haben, um eine ganze Astronautenmannschaft zu beherbergen. Wie ich einst unwissend in den Himmel blickte, sah ich gestern ehrfürchtig hinauf, der dunkelblaue Himmel schien zufrieden, so klar war seine Dunkelheit, dass sie schon mehr Licht als Nacht war, Lichtsprache, magnetisierte Botschaft, und der Mond sah wissend aus, ein Wesen, ein Lichtauge, das mich wahrnahm. Ich suchte Erdung beim Oleander und dem Feigenbaum, die ich letztes Jahr im Hochsommer für unseren Balkon besorgt hatte, zwei andere Gefährten aus der mittelmeerischen Kindheit, die jetzt bereit waren, das Zeitlose in dieser COVID-19-Belagerung für mich zu sein, Freunde aus einer ganz anderen Farbenwelt. Ich bin bereit, die innere Zeit als meine Erde anzunehmen. Und die Mystiker sind dabei meine alten Freunde, die sich nun neu ins Spiel bringen mit allem, was sie in ihren Klöstern erfahren haben. Mein Kloster ist die Welt. Jetzt zeigt uns COVID-19, dass wir alle aufeinander angewiesen sind. Wir dürfen das Leben so leben, wie es in uns allen gemeint ist, wenn dem Doppelspiel unserer Lügen ein Ende gesetzt wird.

In New York bricht gerade zeitgleich zu meinen inneren Reisen alles zusammen, auch existiert nicht mehr das, was bisher ein zivilisatorischer Umgang mit dem Tod war. Das Springerhaus hier in Berlin, das nur ein paar Straßen von uns entfernt ist, hat endlich aufgehört, abends und in der Nacht die riesige Leuchtreklame anzuschalten, die noch ein paar Wochen zuvor meine Tochter beim Einschlafen verängstigt hatte. Nachts hatte sie oft beim Aufwachen verzweifelt auf die Lichtbewegung gezeigt, die sich vom Springerhaus durch die Ritzen unserer Vorhänge den Weg in unser Schlafzimmer bahnte. Wenn ich jetzt selbst nachts wach werde und das friedliche Gesicht meiner Tochter betrachte, kann ich es fast nicht glauben, dass wir schon so viele Nächte nebeneinander liegen und miteinander atmen und letztes Jahr an Ostern in New York waren und den dortigen Ausbruch der Masern für eine Gefahr hielten. New York liegt auf dem gleichen Breitengrad wie Rom. Beide Städte sind tief verbunden mit der größten Liebesgeschichte meines Lebens, in beiden Städten verwob sich das, was jetzt, in der Zukunft, die uns nun die Gegenwart geworden ist, unser Leben mit unserem Kind ist. Unsere Tochter hat es nur nicht geschafft, der Pandemie zuvorzukommen und mit uns nach Rom zu reisen. Wann werden wir alle überhaupt je wieder sorglos unterwegs sein können? Wann werden wir es überhaupt wieder wollen? In New York sind die Straßen jetzt ähnlich leer wie hier bei uns. Die Menschen sterben so zahlreich, dass man ihre Leichen vor den Krankenhäusern in Kühlwagen lagert. So, wie wir die Tiere behandelt haben, so behandeln wir jetzt die Menschen in dieser Welt der käuflichen Politiker und Millionäre und Oligarchen, denen der ethische Kompass gänzlich abhandengekommen ist.

Seit Jahren berichtet die Journalistin Heike Buchter für eine bekannte deutsche Wochenzeitung aus New

York. Ich lese jetzt ihre Texte mit noch größerer Dankbarkeit als zuvor. Ihr klarer und unbestechlicher Blick ragt aus allen Berichten dieser Tage heraus. Der Platz, der für die Toten nicht da ist, das Fehlen der Masken, der Beatmungsgeräte, der Desinfektionsmittel und das Ausbleiben der alten Logik, all das beschreibt sie treffend als „gespenstische Belagerung". Ist der „unsichtbare Feind" Corona aber wirklich so unsichtbar? Das Wochenende zuvor sei alle zweieinhalb Minuten ein Mensch am Corona-Virus gestorben, schreibt Buchter. „Es wächst das Gefühl einer gespenstischen Belagerung. Auf der Wiese im Central Park, wo sonst New Yorkerinnen und New Yorker sonnenbaden und ihre Kinder spielen lassen, steht jetzt ein Feldlazarett. Im Hafen, wo normalerweise Kreuzfahrtschiffe andocken, dümpelt (…) ein Krankenhausschiff." Es stimmt, was sie schreibt. Aber was bedeutet „normalerweise"? Ist das, was wir bisher als normal bezeichnet haben, überhaupt je normal gewesen? COVID-19 erzählt uns sehr genau, auf welche Weise das Falsche in unserer Sprache und damit in unserer Welt mitläuft, und dass das, was wir bisher als unsere Normalität erlebt haben, keineswegs Normalität ist, im Gegenteil, es ist die Verdrehung jeglicher innerer Blickweisen, die jedem Leben als natürliche Gabe eingeschrieben sind. Die als „herkömmlich" bezeichnete Landwirtschaft ist beispielsweise kein bisschen herkömmlich, sie ist eine Giftwirtschaft; und obwohl uns das bekannt ist, wird alles darangesetzt, Arbeitsplätze zu erhalten, die uns auch das Gift erhalten, das uns und die Insekten und den gesamten uns umgebenden ökologischen Raum allmählich niederstreckt. Diese „eleganten Lügen", wie es der amerikanische Landwirt, Aktivist und Dichter Wendell Berry sagt, sind unausstehlich geworden. Statt wenigstens das Denken vom Gift der falschen Lebensweise fernzuhalten und auf das zu lenken, was unserer Gesundheit dient, vergiften wir einfach zusätzlich weiter mit der falschen Sprache nicht nur unsere Landschaften, unsere Körper und die Tiere, sondern auch unseren Geist. COVID-19 hilft, das richtige Hören und Sehen zu erlernen. COVID-19 tötet bittererweise zeitgleich wahllos, aber es spiegelt auch all die Lücken in unseren Krankenhaussystemen, die Gesundheitssysteme werden müssen. Im Sozialismus gab es die Tendenz, Krankenhäuser als Häuser der Gesundheit zu bezeichnen. Im einst jugoslawischen Süden hießen sie während der kommunistischen Zeit aber auch hin und wieder „Schmerzhäuser", beides ist die Folge eines bestimmten Denkens, das sich in der Sprache verankert hat und aufschlussreich ist. In dem einen Fall konzentriert man sich auf das Kranksein, in dem anderen auf den Schmerz oder die Gesundheit. Und die Sprache erzählt die Verfasstheit unseres Bewusstseins. Die in ihm sprechende Ausrichtung wird sichtbar. Das Leiden jener, die nicht vom Virus infiziert sind, erscheint mir manchmal als sehr selbstverliebt, da es nur auf das eigene Ich ausgerichtet ist, auf das, was wir einen Verlust nennen, weil wir vergessen haben, auf die anderen zu sehen und zu fühlen, dass wir da sind, weil wir auch in den Augen der anderen da sind – weil jemand uns sieht; weil wir gesehen werden. Wir leiden am Ausbleiben der Fußballspiele in Stadien, dabei helfen wir anderen Menschen durch unseren Rückzug, ihre Lebenschance zu erhöhen, wenn wir nicht unseren permanenten Vergnügungsmodus aufrechterhalten und noch einen Plan, noch eine Verabredung, noch einen Restaurantbesuch drei Monate im Voraus planen. Fast bin ich dankbar, dass das gerade nicht möglich ist, dass mir die Zeit endlich wieder ganz gehört, dass sie sich mir schenkt, von Augenblick zu Augenblick, und dass ich spüren kann, wie sie fließt. Im Leben ist alles der Veränderung unterworfen. Ich habe das selbst immer sehen dürfen, wenn ich nicht aus einem alten Denkmuster herausfinden konnte, wenn das Denkmuster mich beherrscht hat und ich nicht gemerkt habe, dass ich dabei war, die Zeit in Zement zu gießen. Eine Welt, die sich nicht verändert (ein Mensch ist eine Welt!), hat sich selbst in Gefangenschaft gebracht. In dieser Welt leben wir schon sehr lange, nun zwingt das Innere dieser Wirklichkeit, es auch zu sehen. Sehen heißt ändern. Sehen heißt, einen neuen Schritt zu wagen. Aufrichtiger zu leben. Dieses Exil ist der Anfang einer neuen Blickweise, der Anfang eines Loslassens und Neuwerdens, die miteinander einhergehen.

Heute habe ich Noah und Melanie in Brooklyn geschrieben. So schnell werden wir also nicht wieder ein Pessachfest zusammen verbringen. Es erinnert an den Auszug aus Ägypten, also die Befreiung der Israeliten von der Sklaverei – die zeitliche Koinzidenz zu COVID-19, das genau jetzt in der Pessachzeit die schlimmste Zuspitzung der Pandemie erfährt, erlebe ich mit Ehrfurcht. Die Gefangenschaft der Menschen im Kommunismus schien dem westlichen Verstand klar auf der Hand zu liegen, während die Versklavung des Einzelnen für den sozialistisch geschulten Lebensblick im Kapitalismus über ein manipuliertes Begehren verlief und die Leere und Unersättlichkeit in einem Atemzug aufzeigte, während die so ins Habenwollen-Gestoßenen sich als die freieren Menschen fühlen konnten – was aber letztlich hieß, als die, die alles *haben* konnten. Die Versklavung war für die Wohlhabenderen eine des Komforts und verschob sich ins Innere, wurde unsichtbar, und begann irgendwann in unserer Außenwelt gespiegelt zu werden. Lange ohne es zu wissen, nahm ich selbst es in Kauf, dass Menschen aus ärmeren Ländern für noch ein neues T-Shirt ausgebeutet und vergiftet wurden, das ich mir kaufte, vergiftet, weil sie Farben benutzten, die voller Schadstoffe waren, ausgebeutet, weil diese Menschen Tag und Nacht für einen Hungerlohn arbeiteten, während ich darüber nachdachte, ob ich die helle oder die dunkle Jeans anziehen sollte. Wir können heute davon ausgehen, dass eine Jeans, die beispielsweise in Bangladesh für ein paar Dollar in der Produktion genäht wird, bei uns für fünfzig bis hundert Dollar verkauft wird. Die Näherinnen bekommen für ihre Arbeit ungefähr fünfzehn Cent die Stunde. Das ist nicht nur Ausbeutung, das ist die reine Verachtung, die sich darin spiegelt. Diese Verachtung ziehen wir uns an. Wohin immer wir gehen – sie geht mit uns.

Als vor ein paar Jahren die dieserart kaltblütig ausgebeuteten Menschen in Bangladesh nach dem Einsturz einer Fabrik tot oder tief verschreckt unter Trümmern aufgefunden wurden, erwachte etwas Neues in mir. Ich verstand nicht nur im Kopf, sondern auch im Herzen, dass mein Konsum Teil dieses Unglücks war. Dort wurden Klamotten für all jene genäht, die wie ich in sicheren Gebäuden leben oder es sich leisten können, in Häusern ohne Einsturzgefahr, ohne Gifte in ihren Lungen ihren Berufen nachzugehen. Aber wie lange noch? Die Not der Betroffenen nagte an mir. Es bildete sich innerlich der Wunsch heraus, diese Welt nicht mehr zu fördern, nicht mehr durch mein Kaufverhalten Teil von ihr zu sein. Als ich herausfand, dass selbst der Tod unzähliger Näherinnen die einschlägig bekannten Firmen nicht dazu bringen konnte, sich ethisch neu auszurichten und sich zu besseren Bedingungen zu verpflichten, fing ich an, mir diese Hersteller zu merken und mir nichts mehr von ihnen zu kaufen.

Zu meiner eigenen Bestürzung hielt ich nicht lange durch, nach ein, zwei Jahren kaufte ich mir doch etwas von einer dieser Firmen und nahm wahr, wie ich mir selbst mit Gründen zuredete, dass die Verantwortlichen in der Zwischenzeit bestimmt zum ethischen Vorgehen übergegangen seien. Oder etwa nicht? Ich wagte anfangs nicht, es zu überprüfen, und als ich es dann schließlich doch tun wollte, weil die Arbeit des Gewissens, einmal in Gang gebracht, nicht mehr zu stoppen war, da war es unmöglich, im Internet etwas über die ethische Praxis bestimmter Hersteller zu erfahren. Als dann ein anderer, dieses Mal ein amerikanischer Sneaker-Hersteller namens New Balance im Wahlkampf den 45. amerikanischen Präsidenten unterstützte, war mir klar, wenigstens in diesem symbolischen Fall war ich nicht mehr verführbar. Statt mir neue Turnschuhe von New Balance zu kaufen, fragte ich mich jetzt, ob ich überhaupt welche brauchte, ob nicht das, was ich schon hatte, vollkommen ausreichte. Die strukturelle Ausrichtung auf Konsum in unserer Zeit hatte sich mir erstmalig in sehr großer Klarheit an diesem kleinen Beispiel offenbart und ich arbeite daran, sie auch in dieser Hinsicht in etwas anderes zu verwandeln – in Genauigkeit, in Mitgefühl –, in das also, woran ich wirklich glaube und dem ich eine verändernde Kraft zutraue. Würde ich mir jetzt Turnschuhe der besagten Firma kaufen, ginge dies nur mit dem Gefühl einher, einen Lügner unterstützt und ihm auf diese Weise einen Teil meiner Macht (so klein diese auf den ersten Blick auch erscheint) abgegeben zu haben. Wer das tut, ist selbst Teil einer Dunkelheit, die er entweder in der Welt beklagt oder selbst in die Welt gibt, und die ihn, in der Folge seines Tuns, von allen Seiten der Welt belagert. Unwissen kann schon lange kein Schutz mehr für uns sein. Die Not anderer ist real. Auch wenn wir sie nicht sehen, bleibt sie Not und hat Ursachen und Gründe. Mit jeder einzelnen unserer Taten legen wir eine Gedächtnisspur in die Welt. COVID-19 hat uns allen viel Zeit dafür gegeben, diese Beschriftung durch uns selbst endlich richtig, genau und ausdauernd zu entziffern. Gleichwohl hatten wir schon Jahrzehnte für die Dechiffrierung der Lügen und Verdunkelung durch kapitalistische Verführungen ungenutzt vergehen lassen, nun stehen Änderungen an und zwar so: Sie kommen, weil die alte Zeit gestorben ist, und ob wir es mögen oder nicht, eine neue Zeit entsteht gerade, in der die Spiegel zu sprechen beginnen, während wir in die Vereinzelung gezwungen werden. Was für ein mystisches Donnerwetter! Es ist das Ende so vieler schöngeschminkter Illusionen, das Ende so vieler aufgeputzter Lügen, die uns als Wahrheiten serviert wurden und die den Gesichtern jener Frauen ähneln, die sich unter das chirurgisch versierte Messer legen, um sich vorzumachen, dass sie die Zeit beherrschen, während die Zeit sich dazu nicht in Besitz nehmen lässt und allen sogenannten Verschönerungen widersteht. Denn die Aufgabe der Zeit ist das Vergehen der Zeit, und mit diesem Zeitkontinuum, das Kronos unterstellt ist, ist unser Körper von Anfang an verbunden.

Die Angst ist nicht das Ende des Lebens, sie ist das Tor für die Aufgabe, etwas Neues zu erschaffen, und sie lädt dazu ein, das neue und wache Hiersein mit den eigenen Füßen und nicht mit intellektuellen Versiertheiten zu erproben. Die dunkle Nacht der Seele ist mit dem Nachtbereich, wie es Juan de la Cruz beschrieben hat, verbunden – was im Einzelnen geschieht, vollzieht sich auch im Ganzen. Überheblichkeit und Anmaßung sind kein Schutz vor der Herzensbarbarei, sie sind ihr Ausdruck. Gleichgültigkeit, einmal in die Welt gegeben, wird auch uns eines Tages treffen, und das wird die Nacht uns wissen lassen. Am Ende ist es im großen Bild des Lebens nicht entscheidend, wer die Gleichgültigkeit hinausgetragen hat, sondern wie viele von uns sie schweigend gestützt haben. Die Jakobsleiter leuchtet in der Dunkelheit aber besonders schön. Ich will nicht von ihr ablassen, sie ist seit jeher das einzige, das mich hält und das ich habe, da sie in der Gefahr zu leuchten beginnt und Sprache wird und unkontrollierbar wildes, richtiges Leben. Sie ist und bleibt in unserer Mitte, „bis zur Vollendung der Zeitenkrise."

Derweil ist der Checkpoint Charlie vom touristischen Hunger nach altem Leiden in einer Diktatur vollständig freigelegt. Heute morgen fuhren wir mit dem Fahrrad durch die nahezu menschenfreie untere Friedrichstraße. Mit einem Mal sah ich den Ort wieder, sah den Übergang von der einstigen DDR in den Westen Berlins, ich sah auch zum ersten Mal in starker Intensität (seit fast zwei Jahrzehnten in dieser Stadt) den Mauershop als etwas Groteskes, nahm die Merkwürdigkeit übergenau wahr, dass dort sonst unzählige Menschen sich Miniaturmauerreste kaufen und ihre Zeit damit verbringen, das erlittene Leben anderer, jenseits aller kathartischen Kraft in Plastik gebannt, nach Hause zu tragen. Die frische Morgenluft und die Klarheit des blauen Himmels sind, zusammen mit dem Vogelgesang, wie etwas aus dem Paradies in mein Sehen Zurückgekehrtes. Die Bäume blühen und wir erarbeiten uns vielleicht mit unseren Worten gerade jetzt, gerade heute die Liebe der Natur zurück, die uns durch ihre Rhythmen beschützt, und die uns hilft zu leben, wenn wir sie lassen und sie das sein kann, was sie auch in uns ist. Die Betriebsamkeit der Welt ist jetzt dieser freundlichen Leere gewichen, bitter bezahlt mit dem Tod so vieler Menschen ist sie nun eine Sprache geworden. Es ist dies wohl für kurze Zeit eine Welt, in der die Bäume und die Sträucher und das Grün wieder den Platz erhalten, der ihnen zusteht. Die Leere. Ich habe sie jetzt angenommen als meine Lehrerin. Ich atme ein und aus. Der Schmerz in der Hand zwingt mich, aufmerksam den Atemanfang und den Ausklang seiner Wirkung wahrzunehmen, dem ein neuer Augenblick der Leere folgt. Ein Augenblick des Nicht-Sagbaren. Und ein neuer Atemzug leitet die weitere Lungenarbeit an. Während der nächste Atemzug mein Leben in Achtsamkeit ermöglicht, rechnet irgendwo auf der anderen Seite der Welt eine Mutter aus, was ihr vom Lohn übrigbleiben wird, wenn alles bezahlt ist, was bezahlt werden muss, sie rechnet nach und will ihrem Kind etwas zu essen kaufen, und im nächsten Moment wird ihr mitgeteilt, dass eine Firma namens C&A oder Primark ihr gar nicht die Arbeit, die sie schon gemacht hat, bezahlen wird, weil COVID-19 augenscheinlich diesen Firmen die Gelegenheit bietet, ihre Verträge zu brechen und die Menschen im Stich zu lassen, die für ihre Arbeit ohnehin nur ein paar Cents pro Stunde bekommen und nun nicht einmal mit diesem winzigen Lohn rechnen können.

Ich denke heute immer wieder an die Bären im Zoo von Sarajevo, die den Menschen die Zukunft aufzeigten, die Belagerung dieser Stadt ankündigten und in den Käfigen verendeten. Der buddhistische Mönch Bhante Devananda schrieb mir gestern über die Tiere im Berliner Zoologischen Garten. Er hatte von einem Tierpfleger erfahren, dass die Tiere sich jetzt anders verhalten als sonst. „Wir sind jetzt genauso wie sie eingesperrt", schrieb mir der Mönch. Und unsere Gefangenschaft, die unser Pantherdasein deutlich macht, lässt mich hoffen, dass wir den wahren Versuch einer von innen kommenden Befreiung unternehmen und die Welt der Stäbe und Einengung verlassen werden, nicht weil uns irgendeine Freiheit geschenkt wird, sondern weil wir lernen, in unserer eigenen aufzuwachen. Gestern sprachen seit langer Zeit wieder ein paar Nachbarn das Panthergedicht mit mir. Ich spürte, dass der Frühling Wirkung zeigte. Die Klarheit des Himmels strahlte eine Ruhe aus, die ich nur aus der Kindheit und aus den an Weissagungen erinnernden Träumen kenne. Ich mache jetzt jeden Abend eine Kerze an, bevor ich Rilke auf dem Balkon lese. Das beruhigt mich und erinnert mich an die Kindheitsgebete der frommen dalmatinischen Kirchenhelferinnen, die, als ich anfing Bücher zu schreiben, in meinem Innenland als das Licht jener kleinen Jahre erschienen und – mitsprachen. Die Kerze ist für sich genommen ein Gebet, das keiner Sprache bedarf. Heute ist Ostern und alle Kirchen sind leer. Wir sind einander der Segen und die Auferstehung, die wir uns vom Leben erhoffen. Wir sind einander die Brücke aus dem dunklen Nichts der Tage in die offene Wärme zugewandter Sätze. Wir sind die Tür, die uns durch uns selbst zu den anderen führt, und die uns so zeigt, dass sie geöffnet werden muss. Wir sind einander diese Öffnung und diese Zeit, und dieses Hier spricht in seinen Farben zu unserer magischen Verfasstheit der elementaren Verbindung. Wir sind einander die Verbindung, die wir in uns selbst ermöglichen. COVID-19 sorgt für Ruhe, die nur Märchen eigen ist. Sie ist nur dann vorstellbar, wenn die Menschen in Schlaf versetzt werden oder die Welt eingefroren wird für ein paar ewige Augenblicke, bevor etwas Neues in die Wirklichkeit treten kann.

In der Frühe waren wir wieder mit den Rädern unterwegs, die frische Luft und das Licht taten so gut wie nichts in den letzten Tagen. Ein paar Jogger rannten im großen Gleisdreieckpark in Entschlossenheit umher. Es war zu spüren, dass alle gesund bleiben und dafür etwas tun wollten. Unterwegs zu meiner Freundin Sarah, der wir wieder eine Überraschungstasche brachten, sah ich eine Kamelie in einem der wenigen noch geöffneten Blumenläden. Diese Pflanze hatte einst Sarah im Garten von La Gomera, wo unsere Lebenswege sich für ein paar Jahre gekreuzt hatten, wie einen Menschen geliebt. Und an diesem stillen Ostermorgen grüßte die Kamelie mich aus der Zeit hinter der Zeit. Nach der Taschenübergabe kauften wir die Kamelie, diesen Gruß vom Leben am Atlantik, direkt bei Sarah um die Ecke. Jetzt wird die Kamelie als weitere Freundin aus der inneren Zeit hier wachsen und meine Botschafterin für das sein, was aus Altem das Neue erreichen und mit dem Wuchs der Blätter erklimmen kann, weil es von Dauer ist. Dies ist das ewige Alte, das neu ist und zeitgleich älter als wir, und das im Neuen noch tiefenwirksamer ist. Die Freundschaft hat die Kraft des Verbindenden. Noah und Melanie aus Brooklyn, Christoph und Emi aus Tokio, Sonja und Jeff aus Sieversdorf in Brandenburg, Paul, Ceci und Maria aus Columbus, Ohio, mein Bruder Brett aus Berkeley – aus ihnen allen spricht sanfte Zuneigung, eine Weisheit der Freude. Dankbarkeit ist in mir, ihnen allen durch meinen Gregor begegnet zu sein. Einander zu kennen, jetzt, auf der anderen Seite des Ozeans zu leben, das ist wie in einem Traum Ferngemeintes in Zeitgleichheit und Nähe zu fühlen und zu wissen, dass wir nicht nur in Zeitgenossenschaft, sondern auch auf eine ganz neue Weise in Raumgenossenschaft miteinander leben. Je länger dieser Zustand andauert, desto tiefer scheinen alle Freundschaften aus der metaphysischen Zeit (gibt es jetzt auch den metaphysischen Raum?) zu kommen und einem Innenraum zu entspringen, der uns schon immer gegeben war und aus diesem Gegebenem auch ins Neue hineinragt – als das uns schon Bekannte, das uns liebt. Dennoch, sie fehlen mir alle noch mehr, als es durch die uns ohnehin auferlegte Entfernung der Fall war. Auch Vero und Nikhil und die Zwillinge, die sonst in New Hampshire zu Hause sind und auf die wir uns seit Monaten gefreut hatten, können wir nicht sehen, obwohl sie nun in der American Academy am

Wannsee zu Gast sind. Ich vermisse die Nähe unserer Freunde und ich schreibe über sie, weil ich ihnen so wenigstens in geformten Gedanken begegnen kann. Auch ist das Schreiben meine Art, ins erfühlte Denken zu kommen, mich zu verbinden mit dem, was sonst schnell und unbemerkt verfliegt. Was ich aber mit den Augen der Buchstaben gesehen habe, kann mein Herz in sich als Zeit aufnehmen. Die Sprache und das fließende Licht des Himmels können auch ohne meinen Kopf weiter zueinander sprechen. Das Schreiben hilft mir nicht nur herauszufinden, was ich denke, sondern auch zu spüren, was ich im Jetzt fühle. Später, wenn ich alles durcharbeite und wieder am Schreibtisch sitze, werde ich Kunde davon erhalten, was meine Seele sich in der Zwischenzeit an Aufgaben für mich ausgedacht hat. Ich bin bereit, denn das, was getan werden muss, erschließt sich nicht aus dem eigenen Willen, wohl aber aus dem Willen des inneren Lebens.

Alles scheint sich in dieser Zeitenwende gegen die bisher maßlos im Außen verfügbare Freiheit verbunden zu haben, neue Regelungen schränken die autonome Spontaneität ein. Ich erlebe innerlich keinerlei Furcht oder Panik, wie ich es früher in allerkleinsten Alltagsmomenten erfahren habe, wenn eine von mir als zu starke Begrenzung erlebte Lage mir die Zeit für einen Gedanken oder Vorgang wegzunehmen schien. Auch sorge ich mich nicht um die

Demokratie, denke aber über die Verführbarkeit des einzelnen Menschen nach, über seine Naivität im Hinblick auf das Böse, das ihn verschlingt, weil er es nicht mehr für wahr oder für möglich hält, oder weil er es für wahr und für möglich hält. Es ist von biblischer Tragweite. Große Ruhe durchströmt mich. Während ich das mich umgebende Leben betrachte, sieht etwas aus der Stille der Tage beständig zurück, und ich begreife in dieser Innenwelt, die mir ihre Augen leiht, dass sich das Beobachtete freischält, während ich es ansehe. Doch auch ich gehe auf tiefere Reise, und eine neue Hellfühligkeit macht sich bemerkbar, die mich nicht ohne Folgen beansprucht. Sie unterrichtet mich, lehrt mich das innere Sehen mit inneren Sinnen, so als würden sie zu neuer Form und Fertigkeit umgewandelt werden, verwandelt in eine seelische Unendlichkeit, die mich nicht mehr in Ruhe lassen wird. Aus der Rückschau betrachtet scheint sie schon sehr lange an mir zu arbeiten. Der erste bewusste Schnitt, mit dem dieses Innere zu mir als Teilhaber der Zeit sprach, war 9/11. Ausgerechnet an jenem 11. September 2001, der unsere Welt für immer verändern sollte, packte ich meinen Koffer für einen Aufbruch nach Paris. Zuvor hatte ich, nach fünf Jahren Inselparadiesleben auf La Gomera, den Abschiedskoffer gepackt und Carlos und das Haus und den Garten mit den herrlichen Avocadobäumen, den Papayabäumen und den Mangobäumen verlassen. Das kleine Bergdorf, in dem ich mit dem Schreiben meiner allerersten Geschichten begonnen hatte, hatte sich wie das Paradies auf Erden in mich eingepflanzt. Die Reise ins erwachende Bewusstsein endete vorerst in der Pariser Rue Oberkampf, und ich richtete mich, glücklich wie ein Floh im Haferstroh, in meinem zwölfeinhalb Quadratmeter großen Zimmer im Hinterhof des elften Arrondissements ein. Natürlich vermisste ich den unverstellten Blick auf den Atlantik und die gegenüberliegende und heilighell aus dem Meer herausragende Spitze des Teide. Die Liebesgeschichte, die mich vom Atlantik wegführte, entpuppte sich als die aufschlussreichste meines Lebens, weil sie eine Selbstwerdungsgeschichte wurde und alles überragte, was eine Beziehung mir bis dahin möglich machen konnte. Es wurde der Anfang eines inneren Gewahrwerdens meiner selbst. Ähnlich wie in den Handschmerzen in diesem Rückzug, spiegelte sich darin alles andere und wollte betrachtet werden: Abhängigkeiten, Visionen, Maßlosigkeiten. Nach zwei Jahren hielt ich diese Schicksalsgleichung nicht mehr aus, Paris, die freie Luft meiner neuen Welt, sie begann mit den nach 9/11 auf den Straßen der französischen Hauptstadt versiegelten Mülltonnen, mit Angst vor der drohenden Gefahr, die jetzt für immer Teil der Welt war und bei jeder Metrofahrt im Kopf mitging. Da 9/11 möglich war, wurde jederzeit und überall ein weiteres Attentat denkbar. Als ich meine Abschiedskoffer gepackt hatte, waren die Twin-Towers zusammengestürzt, ohne dass ich davon erfahren hätte – ich schaute kein Fernsehen, und wenn Sarah, die damals um die Ecke meiner Frankfurter Wohnung lebte, mir nicht eine Mail geschrieben hätte, wäre dieses Ereignis wohl erst anderntags, im Zug nach Paris, in mein Bewusstsein getreten. So schaltete ich abends um 22:30 Uhr doch noch den Fernseher ein und schaute paralysiert auf den Bildschirm, während ich fieberhaft überlegte, wie ich es in Paris anstellen konnte, die France Telecom dazu zu bringen, mir eine Festnetznummer zuzuweisen, ohne im Besitz eines Bankkontos zu sein. Kurze Zeit später wurde der Euro eingeführt, innen und außen geschahen neue Dinge. Wir bekamen alle eine neue Währung. Ging mit dem Euro ein neues Vertrauen einher, so wie ich es gerade aufbrachte, indem ich der Wildheit meiner Sehnsucht folgte? 2008, als ich schon längst in Berlin lebte und von der ursprünglichen Dringlichkeit dieser Pariser Unbändigkeit befreit zu sein schien, verliebte ich mich in einen Mann, der wie der griechische Fluss der Unterwelt hieß und bei Homer als das „Wasser des Grauens" auftaucht. Der Totenfluss, der auch in Dantes „Göttlicher Komödie" von Bedeutung ist, schreckte mich damals kein bisschen, und doch ließ die im Namen sich ankündigende Symbolik nicht lange auf ihre Einlösung warten. Es stellte sich heraus, dass ich bereit war zu sterben, abzusterben bessergesagt, so, wie es Teresa von Avila beschrieben hat. Es war an der Zeit, die alten Lebensmuster hinter mir zu lassen. Dieses Sterben, das Abtragen der alten Haut, war das Beste, was mir widerfahren konnte. Es dauerte lange, eigentlich dauert es sogar bis heute – wie mir meine Hand zu berichten versucht. Jetzt erst, in der Ruhe dieser Tage, sehe ich diese Kraft der allwaltenden Verwandlung, und ihre Zielstrebigkeit fühlt sich wie Gnade an. Ich bin wie ein krankes Tier in der ersehnten Innenwelt gestrandet, weil die Außenwelt keine Heilung kennt, und weil sie nicht mehr so wie früher betretbar ist.

Ich denke nun in diesem inneren Rückzug zum ersten Mal seit fast drei Jahrzehnten im Zusammenhang mit meiner rechten Hand an jenen Moment zurück, in dem ich mit ihr einen riesigen alten Holzschrank, ich glaube, er hatte fünf Türen, quer durch das Zimmer schob, das meine Schwester und ich uns in einem alten hessischen Fachwerkhaus teilten. Ich brachte wie in Trance eine blitzartig in mir aufgestiegene Kraft auf, die mir heute als unwirklich erscheinen würde, würde meine Schwester sich nicht genauso daran erinnern wie ich. Unser Vater war wieder einmal betrunken. Er war lange draußen gewesen. In einem Lokal. Mit den anderen Trinkern. Und Mutter hatte mich wieder aus dem Bett gezogen, damit wir ihn aus dem Lokal holten. Es gelang uns. Ich musste vorgehen und vor Vater und seine Freunde treten. Die Musik aus der Jukebox spielte ein Lied, an dem sich alle zu freuen schienen. Irgendeiner hatte es gewählt, weil es ihm etwas bedeutete. Immer wenn ich eine Jukebox sehe oder auch nur das Wort höre, sehe ich bis in alle Einzelheiten vor mir, was an jenem Abend geschah. Mutter brachte Vater in den ersten Stock und ich ging wieder schlafen nach unten. In dieser Nacht kam Vater die Stufen des alten Fachwerkhauses aber bald schon polternd herunter, schimpfte und schrie laut, sodass mir das Herz vor Schreck gefror. Irgendetwas war anders. An der Jukebox hatte er mich schon so wütend wie noch nie angefunkelt. Aus irgendwelchen Gründen hatte, das hörte ich gerade noch rechtzeitig aus dem Geschrei heraus, meine Schwester untertags seinen Zorn herausgefordert, und er kündigte schon von oben kommend an, dass er ihr heute, bei Gott!, er sagte, bei Gott!, die Kehle durchschneiden würde. Dass meine Hand als allererste darauf reagierte, hatte offenbar mit dem Wort Gott zu tun, das mich alarmierte. Ich hörte Gott und machte mich gleich von allein ohne irgendeinen Zwischengedanken oder eine Verzögerung auf den Weg zum Schrank. Das unendlich schwere, aus Massivholz gefertigte Möbelstück schien sich wie von allein vor die Tür zu schieben. Es wird mir immer ein Rätsel bleiben, wie es mir gelingen konnte, drei Meter lang durch den Raum hindurch, an dem alten gusseisernen Ofen vorbei, dieses Ungetüm von Holzschrank vornehmlich mit meiner rechten Hand zu schieben und es vor die Tür zu stellen. Aber was ich noch genau erinnere, ist jener Moment, in dem sich der Widerspruch zwischen dem, was Gott für mich war und wie ich mir Gott vorstellte und dem, was Vater aus ihm machte, mit meinem Körper in eine mir heute unbegreifliche Handlung übersetzte. Es durchströmte mich etwas, das ich nur als Wahrheit und Wissen beschreiben kann und das mir eine blitzartig über mich gekommene Fähigkeit verlieh, die meine Schwester vor dem Schlimmsten bewahrte. Aber so sprachen wir damals nicht davon. Doch in diesem Augenblick begann schon das, was meine Reise „zum anderen Pol der Welt" wurde. Ich stand auf, ging zum Schrank und tat, was getan werden musste. Heute noch stehe ich zitternd vor diesem Augenblick, in dem es mir gelungen war, die alte Tür, zu der man uns den Schlüssel abgenommen hatte, abzusperren, damit das Messer nicht das Zimmer betreten konnte. Aber die Hand hatte es vermocht. Die Hand und etwas, das offenbar bis heute, dem Wunder an Kraft zum Trotz, Teil meines Körpers geblieben ist – eine unermessliche Angst, von Vater im Zustand seiner maßlosen Trunkenheit so wie meine Schwester ins Visier genommen zu werden. Mutter blieb wie immer oben. Ich weiß nicht, ob sie rauchte oder etwas aß oder aus dem Fenster sah, in die Nacht der hessischen Provinz, in der niemand wusste, wer sie war, woher sie kam, wer unsere Vorfahren waren. Und ob das, was Mutter da tat, während wir unten im Zimmer waren, für sie ein Tun war. Sie tat nichts zu unserem Schutz. Sie hätte auch nichts getan, wenn Vater das Zimmer betreten hätte. Ich wusste das. Ich hatte schon immer gewusst, dass sie auch unseren Tod in Kauf nehmen würde. Heute erst begreife ich, dass das noch viel schlimmere Erbe ihrer Gleichgültigkeit meiner Hand mehr wehtat als die Gewalt, die ständig den Raum unserer Kindheit und Jugend belagerte, einen Raum, der keine freie Luft zuließ und in dem wir Kinder trotzdem zu Atem zu kommen versuchten. Seit jener Nacht war ich wohl das, was man das Gegenteil von gleichgültig nennen kann. Und ich war bereit, immer und um jeden Preis, auch um den Preis meiner Gesundheit, etwas zu tun, und ich habe einen Glaubenssatz in mich eingepflanzt, der mich selbst unterwandert hat: Wenn ich nichts tue, bin ich selbst gleichgültig. Jener Augenblick mit dem Messer schrieb sich als zeitlos ins Jetzt hinübergleitende Gewalt in meine Schwester und mich ein. Meine Schwester weinte. Ein Zittern ergriff ihren Körper, das bis heute meiner Erinnerung als Gegenwart innewohnt. Meine Hand liebkoste ihre nasse Stirn. Ihr Haar war feucht und sie fröstelte wie bei Schüttelfrost am ganzen Körper. Wir waren zwei Tiere, schutzlos und den Eltern ausgesetzt, von diesem Augenblick an in meiner Wahrnehmung nicht mehr mit ihnen verwandt. Meine Hand lag lange auf ihrer Stirn. Meine Hand liebte meine Schwesterstirn. Meine Hand liebt meine Schwesterstirn noch immer. Meine Hand wusste alles. Meine Hand weinte nicht.

Sie konnte nicht weinen, weil sie immer stark bleiben wollte. Meine Hand hat das lange gekonnt, diese Stärke, die um alles wusste und blitzartig alles anpackte. Aber meine Hand konnte nicht weinen. Nein, nein, Tränen, die konnte ich meiner Hand nicht gestatten. Mir auch nicht, ich weinte nicht, es war keine Zeit für Tränen und als ich mit dem Weinen irgendwann anfing, versteckte jedes leise Weinen jenes andere ungeweinte Leben, das sich seit jener Nacht in mir verborgen hielt. Nun fängt also die Hand an, mir ihre Erinnerung preiszugeben. Die Hand hat alles abgespeichert, die ungeweinten Gewässer und die Hitze, die mein Gemüt in diesem Moment in Beschlag genommen hatte. Ohne COVID-19 hätte ich diesen Zusammenhang zu meiner Nachtmeerfahrt der Seele vielleicht nie verstanden. Ich war immer viel auf Reisen, immerzu unter Zeitdruck in den letzten zwanzig, dreißig Jahren. Jetzt hatte ich Zeit. Packte keine Koffer. Musste nirgendwohin. Die Zeit beeilte sich nicht mit mir. Die Zeit ließ mir Zeit. Keine Zeit zu haben, das brachte mich seit der Jugend immer wieder an dunkelste Nervengrenzen meiner Wahrnehmung, im wahrsten Sinn des Wortes – um den Verstand. Und ich fing an zu zittern, erst innerlich, sehr stark, der Kopf wehrte sich gegen irgendetwas, das Kontrolle über mich hatte und meinem Bewusstsein nicht zugänglich war. Dann zitterte die Hand. Mit der rechten Hand, wie ich jetzt erkenne, fing diese neue Sprache meines Körpers an, der etwas austragen musste und mir davon berichten wollte. Die Hand zitterte und legte also eine Art Hitze und Kälte in einem frei, die immer bald darauf den ganzen Körper ergriff. Die wallende Wärme legte in diesen Momenten mein Denken lahm. Ich verlor mich und meinen Körper und meine Fähigkeit, Dinge oder Situationen zu betrachten oder die Menschen im Herzblick zu behalten, die mir gegenüberstanden. Die Hand zitterte. Ich ergab mich dem Zittern, ohne je vollständig das im Zittern Gesagte zu Ende lesen zu können. Denn mit dem Zittern setzte eine Art innerer Notstand ein, eine Vernebelung meiner Persönlichkeit, meine Sprache verweigerte sich, und dann trat etwas zu Tage, das mich bis heute fassungslos macht: Stottern. Und das Warten auf die Wörter. Die dann ausbleiben. Wenn ich zu stottern anfing, wusste ich, dass mir nicht mehr zu helfen war, dass mir niemand mehr beistehen konnte, dass das Stottern mich in eine innere Kammer trieb, mich dort einsperrte, wie ich mich in vollkommener körperlicher und seelischer Ertaubung in der Jugend in den Kleiderschrank eingesperrt hatte, mit dem Kopf auf den Knien, die ich mit meinen Armen umschlang und stundenlang so mich eingesperrt hielt, als könnte ich damit einen Damm vor dem Zusammenbruch bewahren. Denn ich wollte nicht weinen. Da meine Hand kein anderes Mittel mehr kennt als die Entzündung, ist sie zur Sprache der Hitze übergegangen. Sie bleibt entzündet und leitet das eine Element in das andere. Wasser und Feuer. Sie zwingen mich jetzt zurückzureisen, der Zeit nachzuspüren, mich meinen Gewässern und meinen Vulkanen zu stellen. Ich habe also nie gelernt zu weinen und weine deshalb so schnell. Es ist so niederschmetternd einfach, dass es mir die Sprache verschlägt.

Kurz vor der Ausbreitung von COVID-19 hatte ich es endlich innerlich geschafft, alte und wiederholt aufgetretene Überempfindlichkeiten in einen genaueren Blick zu überführen, sie teilweise auch aus meinem inneren Seelenraum abzustreifen und mich an einem neuen und grundsätzlichen Vertrauensgefühl zu erfreuen. Schließlich gab es ja noch und immer die Sonnenblumen! Es ist nun wieder eine Setzung der äußeren Welt mit meiner inneren einhergegangen. Ich sehe jetzt, dass Innenwelt und Außenwelt ein großes Gespräch in mir führen. COVID-19 kann mich aber niemals so sehr schrecken, wie mich die Gewalt des Vaters geschreckt hat, der in den Augenblicken der über ihn hereinbrechenden und aus ihm herausschlagenden Gewalt nicht mehr als mein Vater zu erkennen war. Dennoch und gerade deshalb habe ich den echten Vater, den wirklichen Menschen unter dem von der Gewalt verdeckten Menschen nie vergessen. Nichts in der Welt kann das in mir auslöschen, was er zuallererst war, als er so war, wie er gemeint war vom Leben. Diesen Vater habe ich zum Glück gekannt, diesen Vater habe ich verloren und diesen Vater habe ich wiedergesehen, als er starb. Dieser Vater fehlt mir noch heute und wird mir immer fehlen. Dieser echte Mensch hatte ein schelmisches Lächeln, und dieses Menschen Kind war ich und bin es noch immer, werde es bleiben, solange ich hier auf dieser herrlichen Erde lebe.

2008 fing meine Hand zum ersten Mal an, mich an ihrem Wissen teilhaben zu lassen. Es war ein Jahr der inneren und äußeren Setzungen. Und wieder war es in einem September, dass alles durcheinandergeriet – am 15.9. kündigte das traditionsreiche Bankhaus Lehman Brothers in den frühen Morgenstunden in New York Insolvenz an. Die daraus erfolgte Zuspitzung der Finanzkrise gefährdete die gesamte Weltwirtschaft, Chaos kündigte sich an, aber die Lügen und die Gier der Mächtigen blieben Teil des amerikanischen Finanzkapitalismus, und das Herz der Finanzbranche zeigte sich als nicht berührbar oder genauer: Es gab gar kein Herz, nur die blanke Macht. Die Wallstreet-Mentalität der Gier hörte danach nicht auf. Im Gegenteil. Wer waren diese Menschen, fragte ich mich, die die ganze Welt ausbeuteten, als wäre sie bloß ihr eigener kleiner Vorhof, ein austauschbares Ding auf ihrer langen Wunschliste? Welche Sucht bestimmte sie? Süchtig sind wir nicht nur nach einem bestimmten Stoff, wir können auch süchtig nach Anerkennung sein, Gier kann auch eine Sucht sein, Macht ist es fraglos auch. Wie wird man der Mensch, der man ist? Warum will einer alles haben, auch um den Preis der totalen Zerstörung anderer? Das Leiden der von der Krise betroffenen Menschen war schnell verdrängt, ohne dass auch nur eine dieser Fragen Raum hätte erhalten und andere Fragen nach sich ziehen können. Reflexartig wurden die alten Strukturen verteidigt, die Gewinnsucht auf Kosten anderer war also keineswegs aus der Welt verschwunden. Sie manifestierte sich jetzt erst recht. Als Barack Obama, der 44. Präsident von Amerika, ins Amt gewählt wurde, flog ich zufällig zwei, drei Wochen später zum ersten Mal über den Atlantik. Die Welt schien zu einem neuen Atem zu kommen. Chicago war ein Versprechen, das sich selbst einlöste – es war ein heller Dezembertag, ich liebte Amerika auf der Stelle oder besser gesagt, meine Füße liebten es, und gegen den kühlen Wind hatte ich gar nichts einzuwenden. Wie sich später herausstellen sollte, war das der Anfang einer Reihe von Reisen, die mein Leben bestimmten, die jahrelang im ständigen Kofferpacken zu einem starken neuen Weltempfinden führten, aber dann auch zur grenzenlosen Ermüdung, schließlich zu der großen Entscheidung, endlich an einem Ort sesshaft zu werden. Reisende blieb ich trotzdem, manchmal flog ich geradezu widerwillig einmal mehr einem verlockend klingenden Ziel entgegen – aber kaum saß ich im Flugzeug, wollte ich eigentlich wieder zurück.

Gregor und ich sprachen so oft über das Unheil, das Touristen und eigentlich alle Reisenden, auch die achtsamsten unter uns, über die vielbesuchten Orte dieser Welt brachten. Ich erinnere mich an eine unserer ersten gemeinsamen Reisen, die wir ein, zwei Jahre nach der großen Finanzkrise unternahmen. Wir waren mit dem Auto von Berlin nach Umbrien gefahren, Freunde hatten dort eine Wohnung in einem kleinen Dorf in der Nähe von Rom. Von dort machten wir dann verschiedene Ausflüge in die Umgegend, unter anderem nach Siena. Auf dem Weg dorthin erschien uns unter einem blauen toskanischen Sommerhimmel jede kleine Dorfkirche als ein Wunderwerk menschlicher Einfühlungs- und Gestaltungskraft. In Siena wollten wir uns auch die Kirchen ansehen und nach einer Figur des Heiligen Antonius Ausschau halten, so wie wir es, egal, wohin wir kamen, von Anfang getan hatten und was uns irgendwie auch überall gelang. Aber in Siena stand ein Kassierer vor der Kathedrale und wollte Eintrittsgeld von uns haben. Damals hörte ich so etwas zum ersten Mal. Um eine Kirche zu betreten, wollte ich auf keinen Fall Geld bezahlen, das kam mir, meine katholische Erziehung kam in diesem Augenblick zum Tragen, wie eine Sünde vor. Heute denke ich dabei an Marina Zwetajewa, die eine meiner liebsten Dichterinnen ist. Sie schrieb einmal über Rainer Maria Rilke, er habe es vermocht, Gott etwas Neues zu sagen. Das Eintrittsgeld in Siena tat weh, mit Geld konnte man Gott nur etwas Altes sagen, wenn es überhaupt ein Gesagtes war. So errichten die Menschen mit ihrem Tun und in ihrer Sprache ein Grabmal, das sich seiner Bestimmung gemäß nicht im Leben, sondern im Tod einlöst. Siena ist aber nur ein Beispiel, ein Ort, den ich selbst kennenlernen wollte, an vielen anderen Orten ist es in der Zwischenzeit üblich geworden, für das Betreten eines Gotteshauses Geld zu verlangen. Wo aber für Gott bezahlt werden muss, ist Gott nicht zugegen. Oftmals sind die Einheimischen selbst davon betroffen, deren in sich gekehrtes Gebet oder auch nur das Ersuchen der Stille kaum mehr möglich sind, weil Menschen wie ich durch die Welt fahren und sich in ihren Kirchen den Heiligen Antonius und vieles mehr ansehen wollen. Ich muss gestehen, dass ich gern ein Vogel wäre, der in diesen Tagen über Siena fliegt und sich die ruhigen, menschenleeren Straßen anschaut.

Wenn ich jetzt an die leeren Kirchen denke, die wegen COVID-19 für die Gläubigen weltweit geschlossen sind, kann ich nicht anders als auch an das Eintrittsgeld zu denken. Wir Touristen müssen jetzt zu Hause bleiben, und die Kirchen und Plätze und Brücken dieser Welt erholen sich von unseren Blicken, von unserem Hunger, unserer Müdigkeit, unseren Kameras, unseren Stimmen und unseren vielfältigen Bedürfnissen. Sind wir jetzt der in Bettelkleidern zu uns selbst zurückgekehrte Odysseus?

Oder steht uns die im Zeichen der Verwandlung stehende Schälung noch bevor? Wer wird uns wiedererkennen, wenn wir zurückkehren an den Ort, an dem wir uns zu Hause fühlen? Vielleicht können wir heute nur in der radikalen Selbstschau neu werden und, den Wipfeln der Bäume ebenbürtig, in einen blauer werdenden Himmel sehen, der uns hilft, ein größeres Bild im Blick zu behalten. Das Echte hatte es schwer, zu uns und mitten in der Lüge zu sprechen. Wenn ich nur an all die künstlichen Duftstoffe denke, die zum Ersticken unnatürlich sind und mit denen umzugehen es mir, vor allem auch auf Reisen, immer schwerer fällt, dann frage ich mich nach dem Grund dieser starken Überschreibung. Was übermalen wir in uns selbst mit dem künstlichen Duft, der uns die Luft zum Atmen nimmt und die Lunge belagert, sodass wir gar nichts anderes als das Unnatürliche wahrnehmen können? In einer Welt, in der nicht nur unsere Lungen auf falsche Geruchsfährten gebracht werden, sondern auch immer öfter unsere Gesichter von chirurgischen Eingriffen, den sogenannten Schönheitsoperationen, bestimmt werden, sehen wir in Mienen, die keinerlei Regung zeigen. Zurechtgestutzte perfekte Geschöpfe bewegen sich puppenartig durch eine von Gewinnsucht und Optimierungsgier bestimmte Welt und sind, ohne es zu wissen, ihr Zeichen. Je länger COVID-19 andauert, desto unheimlicher wird sie mir, diese alte Welt, die nun wenigstens in Teilen von uns abzufallen scheint. Aber selbst jetzt ist das alte Muster noch wirksam. Tausende von Menschen sind allein in Italien gestorben, und in New York werden die Leichen der vom Virus dahingestreckten Menschen weiterhin in Kühlwagen vor den Krankenhäusern gelagert. Sie haben kein würdevolles Begräbnis zu erwarten, weil es jetzt schon zu viele sind – die Toten scheinen uns noch etwas Wichtiges mitzuteilen über diese auf Effizienz ausgerichtete Welt. All dem zum Trotz hat die deutsche Regierung beschlossen, das weltweit agierende und auch jedem Dorfkind im hintersten Winkel Indiens bekannte Unternehmen namens Adidas mit einem Kredit in Milliardenhöhe zu unterstützen. Was aber tun derweil die Aktionäre dieser Firma? Sie warten auf genau eine solche Unterstützung, die von unseren Staaten und den Bürgern, die im Verwaltungsjargon Steuerzahler genannt werden, wieder einmal in Form von Krediten in einem Augenblick ausgezahlt werden sollen, in dem ein derart gut laufendes Unternehmen wie Adidas auf seine Gewinne zurückgreifen müsste – und warum kommen die ehrenwerten Aktionäre nicht selbst auf die Idee, ihre Dividenden zurückzugeben und den Fluss der Erholung auf diese Weise zu unterstützen? Ich weiß, es gibt Gesetze, die das alles regeln und solche Fragen verunmöglichen – sind das gute Gesetze? Warum muss, in dieser Logik gesehen, die Allgemeinheit die Häuser, Villen, Fuhrparks für diese auf immer und ewig steigende Gewinne ausgerichtete Menschen mitfinanzieren? Ein neuer Ethik-Kompass muss in diesen Zeiten denkbar und umsetzbar werden – und vielleicht begreifen jetzt auch viele Menschen, wie falsch das Falsche wirklich ist, wie es uns alle wirksam unterwandert und das Vertrauen vieler Menschen in demokratische Prozesse nachhaltig unterhöhlt. Kann aber ein Mensch, der gerade jetzt erkrankt ist und kein Dienstpersonal und keinen Privatarzt hat (wie der eine oder andere Aktionär gleich welcher Firma) in einer Welt bestehen, wenn für ihn nichts getan wird? Wer hilft einer alten Frau in Czernowitz, einem alten Mann in einem indischen Dorf, einem Straßenjungen aus einem Vorort von Rio de Janeiro? Ich mag meine Adidas-Sportsachen jetzt nicht einmal mehr angucken.

Wenn die Welt in der Welt verschwindet, kippt sie dann in eine andere Welt, die die ganze Zeit schon da war? Was ist eine „andere Welt"? Wir können nicht außerhalb der Welt leben, so wie wir nicht vom Rande der Welt in die Weltlosigkeit kippen können. Aber gleichwohl können wir alles verlieren, um die Welt genauer zu sehen, die wir verloren haben und jene zu erahnen, die vor uns entsteht. Als der Heilige Franziskus von Assisi in seiner von der Sonne geliebten Toskana zu den himmelskundigen Vögeln sprach, sprachen die Vögel längst schon zu ihm, da er bereit war, ihre Sprache zu verstehen. Heute noch können die meisten von uns innerlich nichts von der Sprache der Vögel erfassen, und auch ich stehe ihrem Gesang oft ratlos gegenüber. Diese Ratlosigkeit ist ein Geschenk. Denn die Schönheit überdauert als Rätsel. Sie besteht als Rätsel und im Rätsel lebt der Gesang. Jetzt hören wir ihn wieder, diesen alten Gesang, wir hören ihn auch in den größten Städten der Welt, die unser inneres Ohr belagern und uns vergessen lassen, wie die Bäume aussehen, wenn unsere lauten Stimmen ihnen nicht von morgens bis abends zusetzen. Und nun, da so viele Menschen gestorben sind, denken wir wieder über das Schicksal nach, über Vögel und leere Straßen, und wie seltsam unwirklich alles wirkt, wenn es nicht mit anderen Menschen geteilt werden kann.

Einige nutzen diese Zeit aus und zapfen das Mitgefühl an. Die erwähnte Sportfirma ist so ein Unternehmen. Einzelne Menschen werden nicht so bereitwillig gefördert, vielleicht haben aber gerade sie gute Ideen oder erfinden etwas Neues, das uns allen als geistiges Gut eines Tages zur Verfügung stehen kann. Das scheint nicht erwünscht zu sein, wird sich aber eines Tages als lebensnotwendig erweisen. Habe ich eine solche Mentalität bei der letzten Wahl gewählt? Habe ich dafür gestimmt, dass der Kapitalismus noch kapitalistischer wird und die einzelnen Menschen ärmer, obwohl sie mehr arbeiten? Wurde mir damals, als ich zur Wahl ging, beispielsweise der Name dieser Firma genannt? Ausgerechnet jetzt, da wir als Einzelne in unsere Innenwelt eingeschleust werden, kommt ein Sportunternehmen in unsere Gedanken und will noch mehr Geld, während sich die Außenwelt verändert, geistig Neues aus dem Nichts entsteht, neue innere und äußere Farben heranwachsen. Auch die Luft atmet ja durch. Die Adidas-Aktionäre wissen das wahrscheinlich genauso wie ich. Dennoch leitet sie nicht der Gedanke, ihre Dividenden wenigstens teilweise in einer die ganze Welt umspannenden und als Krise bezeichneten Situation dem Unternehmen zurückzugeben, das ihnen Villen, Swimmingpools und vor allem Macht über andere schenkt. Keine Anstalten also von den Hohepriestern des Kapitals, es ein kleines winziges Bisschen dem Fremdling namens Franz von Assisi aus der Toskana nachzutun. Diese Ähnlichkeit im Geist der Güte wäre natürlich zu viel verlangt, aber etwas von dem, das ihnen als Überschuss zugespielt wurde, als Teil einer neuen Freundlichkeit, als Licht eines neuen Gedankens in den Fluss ihres zyklischen Tuns zurückzureichen und damit etwas Anderes, eine erfrischende Lebensrichtung denkbar zu machen, darauf kommen die von unserem Kaufverhalten und von unseren politischen Eliten gekrönten Kapitalisten von sich aus nicht. Das ist klar und schmerzlich in einem. Aber dass meine Regierung mitten in einem rigorosen Lockdown des öffentlichen Lebens einem so gut gepolsterten Aktionär den ethischen Kompass gleichsam aus dem Herzen zu reißen bereit ist, bevor er selbst überhaupt darüber nachdenken kann, was er als Einzelner tun *könnte*, das ist ein leider nicht nur, aber doch auch stark symbolisches Ereignis, das nicht in aller Stille übergegangen werden darf. Würde man die Milliarden, die Adidas als Kredit erhält, freischaffenden Künstlerinnen und Künstlern in gleicher Manier zur Verfügung stellen, kämen viele schöpferisch tätige Menschen in den Genuss einer Unterstützung, die einen Kreislauf des Gebens und nicht einen des bloßen Nehmens in Gang bringen könnte. Das sind Menschen, die ohnehin von der Innenwelt und von den unsichtbaren Prozessen des Seins (und den geheimnisvollen Wegen des Geistes und der Seele und des Körpers) Kunde haben, jedenfalls auf einer solchen Reise nach Innen immerzu Erkundungen aufnehmen, die sie bereitwillig teilen. Mit diesen Innenreisen schenken die schöpferischen Menschen der Außenwelt einen Herzkern, eine Innenwelt, die nicht käuflich sein darf.

Die schöpferische Hälfte oder eben jener unsichtbare Herzkern der ästhetischen Welt wird greifbar auch im Geld, das ja ein Symbol für Vertrauen und Kraft in einem ist. Es ist nicht das Symbol bloß für (Laut-) Stärke, denn die gehört – Jesaja sei Dank, dass es so klar seit Urzeiten im Werderaum des Menschen steht – dem „Unvermögenden", während der Müde die Kraft erhält, die er braucht, um weiter als echter

Teilhaber des Lebens in Bewegung zu bleiben und auf die Hoffnung zuzugehen, auch wenn alles gegen die Hoffnung spricht. Als ich von der Adidas-Sache hörte, empfand ich jenes gutbekannte Gefühl der Ohnmacht, das wohl einem jeden Menschen, der in einem demokratischen Land lebt, in den letzten Jahren und Jahrzehnten vor oder nach einer Wahl (also immer) ereilt hat: Nobody asked me! Und selbst wenn man abgestimmt hat, wie etwa in Berlin beim alten Tempelhofer Flugfeld, dass dieses Gelände nicht bebaut, sondern als Park genutzt werden soll – dann wird die Abstimmung doch wieder unterwandert und neue Abstimmungen werden verlangt. Dabei haben sich die Menschen in dieser Stadt mehrheitlich gegen eine Bebauung ausgesprochen. Wie viel Kraft hat aber ihre demokratisch geäußerte Stimme, wenn sie am Ende gar nicht ernst genommen wird? Dabei und beim Adidas-Beispiel ist in mir das gleiche Aufbäumen wie einst bei den Wahlen, die den 45. amerikanischen Präsidenten ins Amt brachten und der auf seinem Weg ins Weiße Haus unter anderem von einem Sportunternehmen unterstützt wurde. Die Firma New Balance trat damals im Wahlkampf hervor, und machte voller Tatendrang auf ihre Unterstützung aufmerksam (eine weltweite Werbung also für die Sneaker, die auch ich mir mal zulegen wollte). Der 45. amerikanische Präsident, den also New Balance befürwortete, kam bekanntlich ins Amt. Einige Menschen, die meiner Erinnerung nach in

Kalifornien Turnschuhe von New Balance zu Hause hatten und denen das Sneaker-Statement nicht passte (als sich der Sieg des mit russischer Hilfe lancierten Milliardärs herausschälte, ein Fake-Milliardär, wie man nun weiß, dem die Deutsche Bank auf seinem lügenhaften Weg Stütze war), sammelten ihre NB-Schuhe auf einen Haufen und steckten sie mit dem Slogan „Not my Sneaker!" in Brand. Sie waren klug genug, darauf zu vertrauen, dass jeder, der nachdenken konnte, bei diesem Satz selbstverständlich „Not my President!" hörte, aber klug darin, nicht sein Bild anzustecken, sondern das, was ihn möglich machte – darin zeigten sie ihre denkerische Herzenseleganz. Ethik und Ästhetik sind eine Sache. Es lässt sich nicht besser als an diesem winzigen Beispiel aufzeigen, welche Tragweite das hat. Auch wenn es ein paar Mal danach die Verlockung bei mir gab, doch so einen „schönen" Sneaker zu kaufen, ich widerstand; der Gedanke, damit auf einer inneren symbolischen Ebene all das im wahrsten Sinne des Wortes mitzutragen, wofür der 45. amerikanische Präsident und seine Unterstützer stehen, widerte mich an und war das Gegenteil von „schön". Gift an meinen Füßen will ich nicht freiwillig tragen und damit das Gift in der Welt mehren und fördern. Füße sind sensibel! Nun kommt mir während der Corona-Pandemie dieses Gift wieder in Erinnerung, das an allen Ecken und Enden schon seit langer Zeit unsere demokratischen Systeme (ganz zu schweigen von unserer Umwelt und der geknechteten Natur) angreift und mit Erfolg angreift, kapert, tötet! COVID-19 zeigt diese Welt auf eine derart klare Weise, dass ich wieder an Jesaja denken muss – die Müdigkeit hat auch die redlichen Demokraten erfasst, dennoch schwingt eine wichtige Unterscheidung von Kraft und Stärke in den Worten jenes Propheten, der dem Volk Israel im babylonischen Exil Hoffnung zuspricht. Die Stärke der falschen Gewichtungen ist nicht von der Hand zu weisen. Und sie schleicht sich in alles hinein, das wahre Leben wird unter Besatzung gebracht *wie die Krim*. Was daraus folgte, ist dies: Alle gewöhnen sich daran und kaufen sich bei nächstbester Gelegenheit irgendetwas, um sich für irgendetwas anderes zu belohnen. Während sich die Natur im Lockdown erholt, in diesem wie unter kosmischer Regie stehenden Stillstand, höre ich förmlich die Luft im neuen Lungenvolumen in mich einströmen, höre die Vögel singen, höre den Regen musizieren.

Der Himmel und seine blaue Stunde sind wieder wahrhaft möglich geworden – auch in unseren Städten. Wir Müden und Entkräfteten hören ihnen zu. Wir, die wir alles an die Obrigkeit delegiert haben im Glauben, nichts mehr (und nicht einmal mehr mit unserer Wählerstimme) selbst ausrichten zu können, merken vielleicht doch und gerade jetzt, dass wir vor allem das Denken in uns selbst lange, bevor COVID-19 uns in unser inneres Exil gebracht hat, lahmgelegt haben. Und dass wir gar nicht mehr daran glauben, überhaupt etwas verändern zu können und dabei Einzelne zu sein, die zu den anderen Einzelnen wirklich und wahrhaft sprechen und nicht nur etwas dahinreden. Sprechen. Aus der eigenen Urteilskraft heraus. „Not my Sneaker!" muss aber für die Zukunft ein ernstgemeintes Lebensgebet sein, dem Taten folgen. Ich sage das alles auch mir selbst, denn der Alltag hat seine Gesetze und müde sind wir alle am Ende eines langen Tages, an dem unsere Kinder und unsere Arbeit und! und! und! uns beansprucht haben. Den Bequemen und Eilenden gehörten die Straßen aber zum Aufbäumen mit eigener Stimme schon lange nicht mehr, vielleicht sogar, weil sie mehr und mehr von den Unredlichen belagert wurden. Nun leben die Straßen aber in diesem Lockdown für sich allein, unabhängig von uns verbinden sie sich mit den wissenden Wipfeln der Bäume und dem grünenden Farbgesang des Frühlings – oben in der freien Luft laden die aufsprießenden jungen Blätter zur geistigen Bilanz ein. Das Bild ihres gleichermaßen kostbaren wie stetigen Wachsens lässt danach fragen, was auch ich tun kann, um die Kraft zu beanspruchen, die mir zusteht. Ich schreibe diesen Text nicht nur mit meiner Hand, sondern durch die Hand mit meiner Seele, und möchte die Fragen, die ich stelle, als geistige Erde sehen.

Diese Erde zeigt mir das, was C.G. Jung gemeint hat, als er die bewusste Persönlichkeit mit einem mehr oder weniger willkürlichen Ausschnitt der Kollektivpsyche in Verbindung brachte. Wir sind, jeder an seiner Stelle, der Humus für diese kollektive Psyche. Die Bewusstwerdung, wie sie auch in der Genesis zu Sprache kommt, stelle, so Jung, eine Tabuverletzung dar, wie wenn durch Erkenntnis eine sakrosankte Grenze frevelhaft überschritten würde. Jung glaubte in diesem Sinne, dass die Genesis recht hat, insofern jeder Schritt zu einem größeren Bewusstsein eine Art *prometheischer Schuld* sei: „... durch die Erkenntnis wird gewissermaßen ein Feuerraub an den Göttern begangen, das heißt, es wird etwas, das Eigentum der unbewussten Mächte war, aus diesem naturhaften Zusammenhang herausgerissen und der Willkür des Bewusstseins unterstellt." Der Mensch, der die neue Erkenntnis usurpiere, erleide aber eine Veränderung oder Erweiterung des Bewusstseins, wodurch dieses demjenigen seiner Mitmenschen unähnlich werde. Die Qual, die aus dieser Einsamkeit entstehe (und Mystiker aller Zeiten haben auf dieses Leiden am erwachten Bewusstsein hingewiesen), sei, so C.G. Jung weiter, „die Rache der Götter". Da der Mensch nicht mehr zurück zum Menschen könne, sei er, wie im Mythos, an die einsamen Felshöhen des Kaukasus geschmiedet, verlassen von Göttern und von Menschen.

Diese Folgeerscheinungen des größer werdenden Bewusstseins sind nicht nur in Zeiten der existenziellen Ausgesetztheit spürbar, sie sind auch permanenter Teil eines sowohl inneren als auch äußeren Exils. Aber die Welt, die wir für unseren Garten Eden gehalten haben, ist gar kein Paradies gewesen. Die alte Welt ist zusammengebrochen und beansprucht uns jetzt als Lesende, als Mündige, die das gestalten, was sie ihr Leben nennen. Als solche reisen wir mit den Möglichkeiten, die das Alphabet uns, gebündelt in der Schau einer schöpferischen Kraft, zur Lektüre anbietet. Und wir reisen zeitgleich in uns selbst. Am besten, man nehme einen Stift zur Hand und folge dem Lauf der Lügen, die das einst als Eden gedachte innere, äußere und politische Leben ausmachten. Vielleicht haben wir dann wirklich und wahrhaft Kraft, um jene zu weinen, die einen schrecklichen Tod während der Corona-Pandemie starben und ihrem Schicksal nicht mehr hier auf der Erde zuarbeiten, nicht mehr in ihm atmen können. Wir aber schulden ihnen Freundschaft und Stille im Geiste, auf dass wir genauer sehen lernen, während wir einem inneren Gebot nachkommen und zu Hause bleiben, um den in Not Geratenen zu helfen und das Buch in uns zu entdecken, das uns, in unserer Verletzlichkeit und der mit dem Körper verbundenen Achillesferse, zusammen mit ihnen in einen Gedächtnis- und Empfindungsraum stellt.

Heute ist Sonntag in meinem Leben. Nur welche Rolle spielt Zeit, wenn wir unser Denken aufgeben und noch mehr Menschen sterben, während andere ihre Gewinne sicherstellen und das Gemeinwohl dabei unterwandern, von dem sie selbst profitieren, indem sie es rigoros und ohne jedwedes ethisches Takt- und Verantwortungsgefühl beanspruchen. Die nur auf Gewinne ausgerichtete Ethik der Ökonomie ist keine Ethik. „Je kleiner ein sozialer Körper", so C.G. Jung in einem Text über „Die Assimilation des Unbewussten", „desto mehr ist die Individualität der Mitglieder gewährleistet, desto größer ihre relative Freiheit und damit die Möglichkeit einer bewussten Verantwortlichkeit." Damit ist auch die Frage nach unserer Freiheit gestellt, die mit der Sittlichkeit verbunden ist. Vielleicht ist jetzt endlich die Zeit gekommen, in der ein mit diesen Fragen in uns entstehender Kompass der Integrität unabdingbar geworden ist. Nur das in Handlungen vollzogene Leben, sei es im eigenen Bewusstsein oder in der Außenwelt (und in der Folge des Erwachens ist das eine mit dem anderen identisch), ist ein in spürbare Kraft übersetztes Tun. Der Wert des Lebens ist unantastbar. Das haben wir wohl in unserer durchorganisierten, so kühl wie rational in sich selbst verliebten Welt vergessen. Der Tod erinnert uns wieder daran, dass wir einen Vertrag mit ihm haben, dass es ihn gibt und dass das Heilige und die Endlichkeit unserer Existenz mit ihm verbunden sind.

Ich schaue bei diesem Gedanken auf meinen roten Klee und denke an Emily Dickinson. Fast auf den Tag genau vor einem Jahr war ich in ihrem Geburtshaus in Amherst, Massachusetts und ich sah im Garten, den auch sie einst sah – roten Klee. „Nicht mehr als dies biet ich heut an –/ Dies und mein Herz dazu –/ Und Wiesen – zähle du/ genau – damit – wenn ich's vergesse/ Noch Einer kennt die Summe –/ Dies, und mein Herz, und alle Bienen/ Die im Klee brummen." Der Wandel kommt, Dickinson wusste davon. Wenn der Geist sich bekehrt, damals in ihr und heute in uns, wird das bezeugt und nicht erklärt. Die Zeit verfügt über einen größeren Horizont, der uns in Geduld unterweist. Als Hannah Arendt beispielsweise 1956 im Ungarn-Aufstand die erste Schwächung Sowjetrusslands sah, schien vielen, ihr Gedanke sei übertrieben. Heute wissen wir, dass das der historische Urmoment war, auf den das im Revolutionsjahr 1989 Möglichgewordene zurückzuführen ist. Bezeugen meint das Vermögen zu sehen, aber auch die Fähigkeit, warten zu können. Veränderungen können wir nicht wie einen Kredit auf Kosten anderer bekommen. Eine veränderte Welt entsteht im selbstdurchschrittenen Leben und im je einzeln erwachten Bewusstsein des Menschen. Manchmal können wir erst Jahrzehnte später sehen, was als Senfkorn im Denken angelegt war. Was aus den Farben des Senfkorns wird, das können wir mit diesem Wissen aber heute schon mitgestalten. Sehen heißt ändern. Sehen heißt leben.

Sehen heißt atmen. Sehen heißt sehen. Bei Walter Benjamin ist zu lesen: „Denn wie es Pflanzen gibt, von denen man erzählt, dass sie die Kraft besitzen, in die Zukunft sehen zu lassen, so gibt es Orte, die die gleiche Gabe haben." Die Erde ist ein Ort im Universum. Sie sieht uns von innen und von außen.

Der Wind an der Nordseite unseres Hauses ist wieder stark zu hören. Diese Windschneise ist jetzt, da kaum Autos unterwegs sind, auch nachts stark spürbar. Oftmals liege ich wach und kann es kaum glauben, dass ich den Wind höre wie einst in der Kindheit, dass er wieder zu mir spricht und das Meer denkbar macht, obwohl Berlin nicht am Meer liegt, aber da ist ein anderes Meer, ein Meer der Zukunft, ein anderes Wasser. Mir kommt, wie ich so hellwach daliege, Odysseus als Flüchtling vor, jemand, der das schicksalhafte Unterwegssein nicht abkürzen und nur in dem, was da ist, bestehen kann. Von Hannah Arendt ist über den Flüchtling dieser Satz überliefert: „Ein Flüchtling geht von einem Tag zum anderen oder von einer Woche zur andern oder von einem Monat – bestenfalls – zum andern. Weil er muss. Er kann sich das nicht vorbereiten…" Während sie den Blick auf die äußere Bewegung des Flüchtlings richtete und sagte, er könne sich in den meisten Fällen nicht das Land aussuchen, in das er einwandern wolle, zeigt COVID-19 ihren Gedanken als auf uns anwendbar, die wir seit einigen Wochen auf unsere Wohnungen und Häuser zurückgeworfen sind, die uns Länder und Kontinente geworden sind, ob wir es wollen oder nicht. Das jedenfalls können auch wir uns jetzt nicht mehr aussuchen.

Seit ein paar Tagen bauen die Nachbarskinder auf dem Balkon an einer Werkbank etwas, das sich in ihren Mitteilungen später als ein Stuhl entpuppt. Auf die Frage, wie weit es denn damit gediehen sei, antworten sie, es sei fast alles fertig, nur die Lehne und die Sitzfläche fehlten. Das kommt mir wie eine Metapher für das Virus vor, das uns in Schach hält, aber auch alles spiegelt, was an Abgründigkeit und Unvermögen in uns lebt – einiges davon kennen wir nun, aber der größere Teil ist noch unbekannt, nicht erzählt. Gestern fuhr ich mit meiner Tochter Fahrrad, sie saß im Kindersitz, der vorne an meinem Lenker angebracht ist. Auf dem Weg zur Kreuzberger Bergmannstraße blinkte vor uns plötzlich ein Motorradfahrer mit Mundschutz, und ohne sich umzuschauen, wollte er in der gleichen Sekunde auf die Fahrradspur wechseln, auf der wir fuhren. Ich schrie so laut ich nur konnte, er blieb dann auf seiner Spur, immer noch mit seinem Mundschutz – der ihn vor einer Ansteckung beschützen sollte. An der nächsten Ampel stand er neben uns und beschimpfte mich lautstark, obwohl er sah, dass er nicht nur sich und mich, sondern auch mein Kind gefährdet hatte. Zwei Minuten später, bei der nächsten Abbiegesituation, wollte er wieder die Spur wechseln – erneut ohne sich umzuschauen. Ich schrie wieder, er hörte mich, ich sah, dass er wild gestikulierte und schließlich abbog. Mein Herz pochte. Einige Menschen sagen jetzt, die Leute würden im Moment wegen Corona nervös sein und überspitzt reagieren. Ich denke, das Virus spiegelt alles, auch das Allerkleinste in uns und bringt es sowohl symbolisch als auch konkret zum Ausdruck. Wenn die Sonne scheint, hält sich niemand hier in Berlin an die gebotenen Regeln, mit denen wir einander schützen – das Gebot des Abstandhaltens ist aber leider als „soziale Distanz" in unseren Sprachgebrauch eingegangen. Wenn die Sonne scheint, möchte natürlich jeder sozial sein und unter Menschen kommen, womit er sich in diesen Tagen bei zu großer körperlicher Nähe zu anderen eben nicht sozial verhält. Die angekündigten Lockerungen und das Wiederöffnen von Schulen und Geschäften lässt die Menschen irrtümlich annehmen, das Virus sei schon unter Kontrolle gebracht.

Es entsteht gerade die Möglichkeit einer neuen Zukunft, ich will nicht, dass die alte Normalität der Ellenbogen und der Gleichgültigkeit zurückkehrt. Das Alte macht mir mehr Angst als das Neue und noch Unbekannte. Wir können uns nicht auf einen Stuhl setzen, der noch nicht fertig ist, aber dennoch können wir den Stuhl schon denken, ihm vorausgehen mit unserer Vision. Derweil bauen die Kinder an ihrer Werkbank mit den Händen ihren Stuhl weiter und strahlen Zuversicht aus und leuchten fröhlich vom Nachbarsbalkon wie Glühwürmchen in Menschengestalt zu uns herüber. Die Autos fahren wieder vermehrt und es wird lauter auf unserer Straße. Die Stieleichen sind ergrünt und kündigen weiteres Grün vor unserem Fenster an. Meine Nachbarin Gillian teilt diese Freude mit mir. Das Grün grüßt uns schon als fester Bestandteil des auswärtigen Lebens. Seit Kurzem stehen auf den Balkonen der Nachbarn umwerfende Pflanzen mit märchenhaft tiefgrünen Blättern und weißen Blüten. Ich fühle große Trauer in mir aufsteigen bei der Vorstellung, dass die Autos, der Krach und der Gestank das hier, was wir unsere Erde, unsere Welt und unser Leben nennen, wieder an sich reißen und es dieses Mal, wenn es ihnen gelingt, uns das im Lockdown Erlebte zu vergessen, ganz übernehmen werden. Unser lieber Bhante Devananda hat mich darauf vorbereitet. Es fiel mir schwer, ihm zu glauben. Innerlich sträubte sich etwas in mir, den Gedanken zuzulassen. Der buddhistische Mönch kommt aus Sri Lanka und ist dort der Vorsteher eines Klosters und einer Klosterschule, die wir schon seit Jahren besuchen wollten, aber nie Zeit fanden, uns auf eine so große Reise einzulassen. Jetzt wissen wir nicht, wann eine solche Reise überhaupt wieder möglich sein wird. Zeitgleich zu seinen Verpflichtungen als Klostervorsteher ist Bhante Devananda als Mönch, buddhistischer Lehrer und Kenner der Meditation seit fast zwanzig Jahren in Berlin tätig. Er schrieb mir über den Zustand der Illusion, die die Buddhisten Maya nennen. Diese Corona-Krise, sagte er, werde auch irgendwann vergehen, so wie alles andere auch vergeht. Alles komme einmal, bleibe und gehe dann auch wieder. Ein Sprichwort sage, wenn es dunkel werde, redeten die Affen im Wald aufgeregt miteinander und wollten schnell Vorbereitungen treffen, um ein Haus zu bauen. Wenn der Regen vorbei sei, bauten die Affen aber keine Häuser. Das Virus sei ein Lebewesen. Und jedes Lebewesen habe ein Bewusstsein. Vor dem Menschen müsse die Natur geschützt werden, „dann wird die Natur auch den Menschen schützen". Die Tiere im Zoo sind genauso eingesperrt wie nun auch wir eingesperrt sind. Ein Tierpark in Schleswig-Holstein denkt offenbar wegen fehlender Einnahmen daran, Notschlachtungen seiner Tiere vorzunehmen, das konnte man gestern in einer Zeitung lesen. Wie bei der einstigen Belagerung von Sarajevo, in der die eingesperrten Bären das Schicksal der Menschen antizipierten, zeigen nun die Tiere in unseren Zoos uns, wie es um unsere Zukunft bestellt ist, wie weit unsere Unmenschlichkeit zu gehen bereit ist und welche Schicksalsgleichung uns erwarten könnte. Die Tiere sind die Seismografen unserer verlorenen Herzen, als ein altes Echo aus dem Zusammenhang unserer Ganzheit erinnern sie uns an das, was wir einmal mit der

Heiligkeit des Lebens in Beziehung brachten. Der Berliner Zoo-Direktor erklärte zu meiner Erleichterung, ein solches Vorgehen, wie es in Schleswig-Holstein im Gespräch sei, komme für Berlin nicht in Frage. Dass er es überhaupt sagen musste, lässt mich sprachlos zurück. Seit nun vier Wochen sind die Zoos geschlossen und die dreißigtausend eingesperrten Tiere haben kein Publikum mehr, weil das Publikum selbst zum Panther geworden ist, der durch die Gitterstäbe seiner Begrenzungen zur Welt schaut, die derzeit nicht zurückblickt. Doch bevor man im Berliner Zoo im Hinblick auf Wohl und Ernährung der Tiere Abstriche in Kauf nähme, wolle man zunächst bauliche Vorhaben und Investitionen zurückstellen. Vielleicht gibt es auch Menschen in meiner Stadt, die auf freiwilliger Basis für Gesundheit und Nahrung der Tiere sorgen würden. Bevor ein solcher Gedanke überhaupt die Zementschicht unserer Wirklichkeit berühren könnte, erarbeitet offenbar jetzt schon der Tierpark in Schleswig-Holstein wegen der „Corona-Zwangsschließung" Notpläne für das Schlachten der Tiere – als allerletzten Schritt, wie es heißt, „falls zum Beispiel das Geld für Futter ausgeht". Natürlich bleiben die Besucher zurzeit aus, und den Zoos, die sich durch Eintrittsgelder finanzieren, ist die Grundlage ihrer Arbeit entzogen. Aber rechtbesehen sind die Tiere die Grundlage ihres Denkens und ihrer Existenz und nicht die Eintrittsgelder; diese Unterscheidung im Denken ist eine

Unterscheidung, die für das Leben der Tiere von großer Bedeutung ist. COVID-19 zeigt uns auch, wie unnatürlich es ist, Tiere zu unserem Vergnügen einzusperren und sie als Grundlage unserer Arbeit und Existenz in einem ökonomischen Sinne anzusehen. Vielleicht sind die Tiere mehr als irgendjemand sonst unsere großen selbstlosen Lehrerinnen, die wir gerade jetzt anders sehen lernen können, da unser Blick durch die Vergitterung, der wir selbst jetzt auf unbestimmte Zeit ausgesetzt sind, wie noch nie zuvor dem ihren gleicht. Und weshalb ist eine Firma, die Sneaker herstellt und dabei stellenweise unsere Umwelt vergiftet, damit weltweit Gewinne macht, mehr wert als die Tiere, die wir, ebenso weltweit mit allergrößter Selbstverständlichkeit in Gefangenschaft gebracht haben? Weshalb können wir etwas fördern, das unser aller Leben auf Dauer in ethischer und vielleicht auch in ökologischer Hinsicht gefährdet, und warum sind wir im selben Atemzug in der Lage, das vor uns stehende und mit Bewusstsein ausgestattete Sein – die Tiere – zu töten? Ein Satz von Elias Canetti hilft mir, tiefer zu atmen und ein größeres Zeitgefüge im Auge zu behalten: „Vor den Thronen der Tiere standen demütig Menschen und erwarteten ihr Urteil."

Eine Kindheit ohne Tiere, da war Canetti sich sicher, sei überhaupt nichts wert. Liegt das am grundlos liebenden Eigensinn der Tiere? Denn letztlich können wir sie, all unserer Gewalt zum Trotz, nicht dazu zwingen, uns zu gehorchen. Dieser Gedanke lässt mich innerlich auf die Knie gehen. Die Tiere bleiben jenem Liebesraum anvertraut, der mit nichts übermalt werden kann – es sei denn, sie verschwinden völlig von der Erde. Dann aber ist auch der Mensch nicht mehr die Antwort, sondern das Ende des Menschen. „Tiere, sagst du. Was meinst Du? Du meinst alles Lebendige, das du liebst, weil du es nicht verstehst." Dieses Nichtverstehen, von dem der selten sanftmütige Elias Canetti hier spricht, ist das uns innerlich leitende magische Erleben der Welt und allen uns umgebenden Seins, das als ätherische Innengestalt stets in uns wirksam ist. Wenn es etwas Göttliches in seinem Leben gegeben habe, notierte Elias Canetti kurz vor seinem Tod, so sei es die scheue Verehrung der Tiere gewesen. Das zu lieben, was wir nicht verstehen und was uns niemals gehören wird, entspringt im Menschen jener unversiegbaren Urquelle, die ihn immer wieder neu beginnen lässt, neu sehen lehrt und weitet. Und von der Wirkkraft der Gnade erzählt.

Gestern, nach der Pantherzeit auf dem Balkon, fügte es sich, dass die Mutter der Nachbarskinder von dem Vorankommen des Stuhlbaus auf der Werkbank berichtete. Anke, die nun vormittags ihre Kinder unterrichtet und an den Nachmittagen bis abends um acht arbeitet, sprach wieder einmal Rilkes

Gedicht mit. Es hieß danach plötzlich, der Stuhl, der von Beginn an in meiner Vorstellung ein Erwachsenenstuhl gewesen war, sei ein Puppenstuhl, und die Kinder kämen damit bestens voran. Eines der Kinder zeigte uns den Winzling von Stuhl. Ich war sprachlos. Das Gehämmere und Geklopfe hatte mich in den letzten Tagen tatsächlich dazu gebracht, einen „nützlichen" großen Stuhl vor meinem inneren Auge zu imaginieren. Nun sehe ich die Weisheit der Kinder noch genauer als zuvor. Es ging ihnen darum, tätig zu sein, ihre eigenen Hände einzubringen, mit ihren Händen zu denken und nicht etwa darum, einen für mich in meinem Erwachsenendenken nützlichen Stuhl zu bauen, der den Sinn nur in seiner praktischen Erscheinungsform erfüllt. Nach der ersten unwillkürlich in mir aufsteigenden Enttäuschung, dass der tagelange und neugierig machende Krach auf dem Nachbarsbalkon so etwas Winziges wie bloß einen Puppenstuhl hervorgebracht hatte, verstand ich nicht nur, dass jemand, der einen kleinen Stuhl bauen kann, auch in der Lage ist, sich einen großen vorzunehmen, sondern dass in der Struktur meines Denkens etwas der COVID-19-Situation Vergleichbares auf der kollektiven Ebene geschah. Während wir das alte Bild der Realität ersehnen und es vor unserem inneren Auge als das Wirkliche an sich sehen wollen, verpassen wir im Kleinen (und dann auch im Großen) das Neue oder auch einfach nur Andere, das wir noch nicht kennen und das schon längst an einer Welt baut, die wir uns alle noch nicht vorstellen können. „Das Suchbild vernichtet das Merkbild". Dieser Satz von Jakob von Uexküll spiegelt mir eine tausendfach in meinem Leben gemachte Erfahrung.

Wenn ich nur das suche, was ich kenne, zeigt sich mir nicht das, was sich mir als das bereits vor mir aufscheinende Neue und Andere zeigen will. Das heißt aber nicht, dass das Merkbild, also das, was ich noch nicht kenne, nicht schon längst da ist, so wie der Puppenstuhl auch die ganze Zeit in den Händen der Kinder allmählich greifbare Wirklichkeit wurde. Das Merkbild kommt gleichsam von allein, da das Unbekannte stets Teil unserer sich ständig erweiternden Wirklichkeit ist, aber wir sehen es nicht, solange uns alte Gewohnheiten davon abhalten und beim eingeübten Sehen verweilen, also mit dem Alten zufrieden sein lassen. Uexküll beschreibt dies beispielsweise an einer persönlichen Erfahrung, die sehr einleuchtend ist, weil jeder von uns mit Sicherheit in einer strukturell ähnlichen Situation war: „Als ich längere Zeit bei einem Freunde zu Gast war, wurde mir täglich zum Mittagessen ein irdener Wasserkrug vor meinen Platz gestellt. Eines Tages hatte der Diener den Tonkrug zerschlagen und mir stattdessen eine Glaskaraffe hingestellt. Als ich beim Essen nach dem Krug suchte, sah ich die Glaskaraffe nicht. Erst als mein Freund mir versicherte, das Wasser stünde an seinem gewohnten Platz, schossen auf einmal verschiedene Glanzlichter, die auf Messern und Tellern verstreut lagen, durch die Luft zusammen und bildeten die Glaskaraffe." Was verpasse ich heute, wenn ich in diesen Tagen, die ganz offensichtlich das Tor zu einer möglichen neuen Welt – einer neuen und synchronistisch wirksamen Zeit – darstellen, immerzu nach dem alten Suchbild Ausschau halte, während das neue Merkbild längst vor mir erschienen ist? Vielleicht ist der wichtigste Aspekt dabei, dass das, was vor uns erscheint, zunächst geistig ist und keine Glaskaraffe, die wir mit der Hand anfassen können, sondern etwas, das uns seelische Fingerkuppen und geistige Sehkraft, *Vorauskraft* gleichermaßen, abverlangt. Und vielleicht entsteht dieses Geistige überhaupt erst dann, wenn ich offen werde für das andere Merkbild, den anderen Merkton, das andere Merkleben, eine andere Merkzeit – das Bild, der Ton, das Leben, die Zeit, die uns vorausgegangen sind, während wir leben, und nun in uns zusammengeführt werden als das, was uns als das Unbekannte erscheint, das wir über unseren Atem verlebendigen.

Der Zufall müsse psychisch möglich sein, soll einmal C.G. Jung gesagt haben. Wenn der Zufall psychisch tatsächlich möglich sein muss, dann ist es kein Zufall, dass unsere Lungen, die unsere Luft atmend einlesen, durch COVID-19 gefährdet sind und wir zu einer neuen Atemarbeit angeleitet werden. Meine Schwester erzählte gestern von einer Kollegin, die das Virus hatte und ihm vier Wochen lang ausgesetzt war, um einen neuen Atem ringend. Nun ist sie vielleicht immun und schenkt den Menschen ihrer Umgebung Hoffnung, dass auch sie es schaffen werden, wenn sie sich infizieren sollten. Aber niemand weiß, ob COVID-19 nicht genauso wie die uns bekannte Influenza in unterschiedlichster Form variieren und wiederkehren kann und wie lange wir es mit dem Virus in dieser Verfasstheit zu tun haben werden, das die ganze Welt in einem Lockdown zum Innehalten zwingt. Auch besteht kein Zweifel mehr daran, dass wir nach dem Lockdown andere sein werden, es jetzt schon nach ein paar Wochen geworden sind, ein Merkbild unserer selbst, das zu entziffern uns noch auferlegt ist, so, wie der Mensch nach dem zerstörerischen Einsatz der Atombombe von heute auf morgen in einer anderen Zeit lebte – auch damals zunächst, ohne es zu wissen. Eine in Ruhe versetzte Menschheit kann sich nicht mehr entkommen, das heißt, sie kann sich nicht mehr dem eigenen Bewusstsein und all seinen dunklen und hellen Abstufungen vor sich selbst verstecken. Eine Atmosphäre der totalen Verlangsamung begegnet keinem von uns zum ersten Mal in diesem Lockdown, wir kennen sie alle auch aus unseren Träumen und aus vielen Märchen und Mythen.

Scheinbar über Nacht erlebt beispielsweise in Washington Irvings Geschichte „Rip Van Winkle" der „erkleckliche Arbeit" scheuende und unter dem Joch seiner Frau leidende Protagonist etwas Ähnliches wie wir. Seine Zeit steht still. Sein Bart ist einen Fuß gewachsen als er bei der Rückkehr in sein Dorf bemerkt, dass überall neue Häuser entstanden sind, während sein eigenes verfallen ist. Der Bauer Rip (in seinem Namen steckt der große Abschied, den wir als Tod kennen – Rest in Peace) glaubt nur eine Nacht geruht zu haben, muss aber bald verstehen, dass schon zwanzig Jahre vergangen sind und er die amerikanische Revolution und den Unabhängigkeitskrieg verschlafen hat. Der Zauberschlaf und viele andere Motive wie das des langen Bartes sind dem deutschen Märchen „Der Ziegenhirt" von Johann Carl Christoph Nachtigal entnommen. Auch der rückkehrende Odysseus spricht durch Rips Wiederkehr zu uns, der aber, anders als sein nach Ithaka zurückkommender geistiger Mitsprecher, nicht einmal von seinem Hund erkannt wird. Die Tiere sind in beiden Fällen Welt- und Zeitvermittler, einmal durch das Zeichen des Erkennens und einmal durch die Verweigerung, jegliches Alte mitzutragen. Bei Odysseus baut immerhin noch der Hund die Brücke zum Gedächtnis, beim Bauern Rip fällt selbst diese Art von Nähe weg. Er wird aber schließlich zu seiner Erleichterung von einer alten Frau erkannt, die ihm damit das Leben rettet. Die Rückkehr in eine neue Welt wird ihm also durch einen Menschen gewährt, der noch seinen Namen erinnert – eine Frau erbarmt sich seiner, während der alte Hund, der Wolf heißt, ihn anbellt. So beginnt das, was die Selbstwerdung in einer neuen Zeit von Rip verlangt – das Ablassen vom Alten, in seinem Fall symbolisch dargestellt durch das Porträt des englischen Königs, das noch immer in seinem alten Wirtshaus hängt, versehen mit dem Schriftzug „General Washington". Ein Redner steht davor und spricht eifrig von „Wahlen", „Bürgern" und dem „Kongress" – all das sind Wörter, die Rip noch nie gehört hat. Neugierige Leute stellen ihm nach und verlangen, dass er sich erklären möge – woraufhin er sagt, er sei ein „armer ruhiger Mann, ein Einwohner des Dorfes und ein treuer Untertan des Königs, Gott segne ihn!" So lenkt er allerdings erst recht den Verdacht auf sich, ein Verräter und Spion zu sein. Die Frau, die ihn erkennt, erlöst ihn also in vielfacher Hinsicht aus seiner misslichen Lage. Rip kommt bei seiner Tochter unter und freut sich an der friedlichen Lebenszeit, die ihm noch geschenkt wird – denn der Tod seiner anstrengenden Ehefrau ist eine gute Nachricht für ihn. Das wärmende weibliche Prinzip begleitet ihn in seinem neuen Leben, indem es ihn durch die sinnvolle und heilsame Erinnerung stützt, zur Sprache verhilft und ihn geborgen hält, ihm also einen Ort im Raum und Zeit gewährt. Das bewusste Ablassen vom alten Leben tut ihm gut. Das Neue braucht ihn als Person in diesem Augenblick recht besehen nicht. Es entsteht einfach ohne ihn, und die Zeitenwende beginnt, die wir heute in der Ausdrucksform der Demokratie kennen und die nun einer grundsätzlichen Neugestaltung harrt.

„Ich muss nun zu dem kommen, was ich liebe", hat einmal der vogelkundige Komponist Olivier Messiaens in einem Gespräch über seine Arbeit gesagt. Und ich möchte ihm folgen, mit ihm an dieser Stelle meines Denkweges zeigen, dass das Neue und Echte ohne diese Liebe nicht vorstellbar ist. „Ich liebe zunächst die Zeit, weil sie der Anfangspunkt der Schöpfung ist. Die Zeit setzt voraus die Veränderung (also die Materie) und die Bewegung (also den Raum und das Leben). Die Zeit macht uns, durch den Gegensatz, die Ewigkeit verständlich." Die Zeit sollte nicht nur der Freund aller Musiker und Komponisten, sondern durchweg aller Menschen sein, denn die Zeit verweist auf die vielschichtigen Dimensionen ihrer selbst und erzählt uns auch von dem, was in uns seelisch waltet. Messiaen spricht von den „einander überlagernden Zeiten", die uns umgeben: „die unendlich lange Zeit der Sterne, die sehr lange der Gebirge, die mittlere des Menschen, die kurze der Insekten, die sehr kurze der Atome (ohne von den uns innewohnenden Zeiten zu sprechen: der physiologischen, der psychologischen)." Das Bild einer größeren Zeit hilft mir, diese Tage in einem Rhythmus zu erleben, der auch die Freiheit innerhalb des Gegebenen sichtbar macht. Wenn ich mich nicht dem widersetze, was sich mir als Gegenwart zeigt, steigt die Tiefe der Zeit auf und verhilft zu einem anderen Atem. In dieser Freiheit zeigt sich eine Strenge, die zugleich auch als Grenze zu uns allen spricht. Sie meint, wie es Messiaen im Hinblick auf seine Arbeit einmal formuliert hat, „eine konstruktive Freiheit", die „in Selbstbeherrschung, Ehrfurcht vor den anderen, Staunen vor dem Geschaffenen, Meditation des Geheimnisses und Suche nach der Wahrheit erlangt wird. Diese wunderbare Freiheit ist ein Vorgeschmack der himmlischen Freiheit." Messiaen bringt bei diesem Gedanken Christus ins Spiel, er habe seinen Jüngern diese Freiheit versprochen, als er sagte: „Wenn ihr bleibet in meinen Worten, werdet ihr die Wahrheit erkennen, und die Wahrheit wird euch freimachen." Es überrascht mich dann nicht, dass Messiaen im Lachen eines Grünspechts „auch eine Strophe" erkennen konnte. Ich verbeuge mich innerlich vor dieser Grünspecht-Strophe. Diese geistige Art des Gehens und in-der-Welt-Stehens ist mit meiner Jakobsleiter verwandt.

Die Nachbarskinder, das stellte sich gestern nun auch heraus, haben nicht nur einen Puppenstuhl in Wichtelgröße gebaut, sondern auch einen wunderschönen Holzhocker, der von einnehmender Klarheit ist. Schlicht und schön spricht noch der Baum aus ihm, als könnten seine Jahre mit meinen Augen in Berührung kommen und über die Ringe seines

Lebens mein Leben und meine Wege und Umwege betrachten, ein Gespräch mit ihnen beginnen, das mich in eine noch tiefere Stille führt wie in einen geheimen Garten. Dieses innere Leben hat Teresa von Avila mit einer „Seelenburg" verglichen. Die Abtragungen der äußeren Welt in unserer Innenwelt beschreibt sie als die „Fähigkeit des Geistes, sich betrachtend in die unendliche Größe des Schöpfers, der Quelle allen Lebens, zu vertiefen." Das sah sie als eine besondere Gnadenaufgabe an, durch die man besser gefördert wird als durch zu langes Verweilen in der Tiefe unseres Elends. Jetzt kann ich diesen Satz von ihr nicht mehr getrennt von der flinken Fingerfertigkeit der Nachbarskinder denken, die mich mit ihrem Tun an der Werkbank fast jeden Tag überraschen. Warum fliegen wollen, fragt Teresa von Avila, wenn der Weg zum Gehen gut ist. Die Lauterkeit, der eigenen Unlauterkeit habhaft zu werden, sie sah darin die große Möglichkeit gegeben, einen helleren Blick in unsere eigene Nichtigkeit zu wagen: „… denn schwärzer erscheint das Schwarze neben dem Weißen." Auch behielt sie vor fünfhundert Jahren etwas im Blick, das bis heute dem Geist des modernen Menschen als Möglichkeit für sein inneres Wachstum mitgegeben ist – ein Ausgerichtetsein auf die Veredelung unseres Erkenntnisvermögens. Wobei Teresa von Avila auch das Kleinste als Teil des Großen sah, das uns als Lektüre auferlegt ist. Die Gegebenheiten zu diesem mystischen In-Sich-Gehen waren bei Paul Celan eigentlich gar nicht wesentlich anders gelagert. Heute ist Celans fünfzigster Todestag. Michael hat mich heute am Telefon an Celans „Corona"-Gedicht erinnert, in dem es am Anfang heißt: „Die Zeit kehrt zurück in die Schale." Kehrt auch unser Bewusstsein zu sich selbst zurück? Am Himmel spricht Corona Borealis, die Nördliche Krone zu uns. Und mit ihr das, was mich beim Schreiben dieses Textes von Beginn an begleitet hat – die griechische Mythologie, in der die Corona Borealis, die Nördliche Krone mit der edelsteinbesetzten Krone der Ariadne assoziiert wird. Ariadne, wir erinnern uns, war die Tochter des Königs Minos von Kreta. Sie war es, die Theseus half, den Minotauros zu bezwingen. Der Faden, den sie ihm gab, wies ihm den Weg aus dem Labyrinth. Sind die Himmelszeichen also auch uns heutigen noch Erdenzeichen?

Ich bin verblüfft darüber, wie alle meine geistigen Mitgeher plötzlich in mir und zu mir durch Bücher und Menschen ins Denken und ins Herzsprechen zurückkommen. „Die Zeit kehrt zurück in die Schale", schreibt Celan – „es ist Zeit, daß man weiß!/ Es ist Zeit, daß der Stein sich zu blühen bequemt,/ daß der Unrast ein Herz schlägt./ Es ist Zeit, daß es Zeit wird.// Es ist Zeit." Dieser geschälte Zeitkern, hat er sich jetzt in die Sprache gelegt, und fängt er an, uns zu sehen? Die wechselseitigen Entsprechungen von oben und unten, von innen und außen, sie sind in der Zeit als gebündelte Kraft vorhanden. Ein paar Tritte auf der Himmelsleiter oder das Öffnen weniger Tore, wie sie die kabbalistische Überlieferung lehrt, kommen mir nach dem erneuten Lesen des „Corona"-Gedichtes als geistige Entsprechungen zu Teresa von Avilas Denken vor, die, kaum einer weiß das, jüdischer Herkunft und eine der größten katholischen Mystikerinnen war und Kirchenlehrerin dazu. Auch war sie eine Kennerin der „Gnadenschönheit" und „Wissende". Diese beiden Bezeichnungen, die oft in ihrem Zusammenhang gebraucht werden, sind Namen, die im übrigen ältere Kabbalisten – „Weise des Herzens" – trugen. Die Hingabe an die „verborgene Weisheit" konnte einst im Nachkriegsdeutschland in Paul Celans Sprache kaum jemand ertasten. Noch waren die inneren Herzkammern blind für alle Jakobsleitern, die dringlich auf Wahrnehmung pochten und die er in seiner kosmisch durchdrungenen Sprache in die Wunde seiner Zeit legte. Die Wunde verzieh es ihm nicht, sie wollte nicht auf sich selbst zurückgeworfen werden. Ist in der Zwischenzeit und heute dafür eine innere Iris entstanden? Michael sagte heute auch, das Virus habe Augen. Anders als die Pest, die sich wahllos alles gegriffen habe, könne COVID-19 sehen. Diese Corona-Augen sprechen aber nicht nur zu den Kranken, zu jenen, die wir, in üblich gewordener und akribisch betriebener Identitätsmanier als „Risikogruppe" bezeichnen. Die neue Iris spricht auch zu jenen, die noch gesund sind und sich glücklich schätzen, keiner besonderen Gruppe zugerechnet zu werden. Der Beobachter erschafft das Beobachtete, während er es in Augenschein nimmt. Ich frage mich, was in diesem Sinne Menschen, die man jetzt zur Risikogruppe zählt, innerlich erleben, ob sie sich dem Wort fügen oder bei sich selbst, bei ihrer Erfahrung, bei ihrem eigenen Leben bleiben können. Ob sie sich ohne eine Etikettierung anders verhalten würden? Vor ein paar Tagen habe ich lange mit Christiane telefoniert und sie war es auch, die mich an die Toten erinnerte, von denen sich in diesen Tagen Angehörige nicht einmal mehr verabschieden können. Ist das wirklich nötig, frage auch ich mich, kann der Gesetzgeber wirklich jemandem verbieten, seine Nächsten auf dem Totenbett zu verabschieden? Er tut es. Würde ich mich an so ein Gesetz halten, meine Nächsten nicht auf dem Sterbebett sehen oder umarmen wollen? Ich spüre, dass in mir bei dieser Vorstellung die unbeugsame Rebellin aufsteigt, wie der Wind schnellt diese Energie durch mich hindurch und ich will mich nichts und niemandem fügen. Meine südeuropäische Lungenluft sagt in mir, nein des Menschen Gesetz!, ich habe ein Leben nur mit den Anderen!, dann sterbe ich eben auch! Das ist natürlich schnell gesagt. Aber der Tod ist jetzt auch sehr schnell. An manchen Tagen sterben allein in Italien achthundert Menschen an dieser Krankheit.

Der Versuch zu schützen (er ist erstmalig in der Geschichte der Menschheit) ist eines der wichtigsten Ereignisse seit dem Zweiten Weltkrieg, eine große geistige Unternehmung der alarmierten Menschengemeinschaft, in der auch Denkfehler oder Herzenslücken vorkommen. Das ist nicht zu vermeiden. Der Mensch ist nicht perfekt. Das wäre seine größte Tragik. Warum sollen dann eigentlich ausgerechnet Wissenschaftler perfekte Menschen sein? Denken setzt voraus, dass wir schrittweise vorgehen, uns korrigieren, neue Fragen stellen, nicht dass wir perfekt denken, sondern immer wieder *neu denken*, alles überdenken und von vorne beginnen. Was ist ein perfekter Mensch? Wohl einer, der nicht fühlt. Und wieder kommt mir unweigerlich der Gedanke, dass auch das, dieser Umgang mit dem Tod, uns allen etwas spiegelt und aufzeigt, wie wir dem Leben begegnen. Das schnelle Verscharren des Lästigen oder als Bürde oder Bedrohung Empfundenen, es zeugt von Abwehr, auch von Angst bei dem Gedanken, selbst eines Tages vom Virus verschlungen zu werden. Die Unfähigkeit zu trauern, sie hat jetzt andere Gründe als nach dem Zweiten Weltkrieg, aber sie ist da. So bleibt auch die Rückkehr des Phönix aus, denn einigen macht es noch immer Spaß, große Feste zu feiern, selbst dann, wenn tausend Menschen an einem einzigen Tag in nur einem Land dieser Welt sterben. Noch sind wir nicht einmal ansatzweise so schön wie der in Mythologien als rot gedachte

Urvogel, der in unserer Seele als das Symbol der Auferstehung mitgeht, ein Flamingo vielleicht, der, lange noch bevor Jesus Christus die Erde betrat, seine Himmelsflüge sondierte, weil die Menschheit noch nie ohne das Element der Erneuerung auskommen konnte. Der Phönix ist in uns eingeschriebene Natur. Seine mythische Röte kann singen und in Todesnähe leuchten, auferstehen, am Abgrund wissend werden in einem Durst nach Erneuerung, der mir zeigt, dass ich überhaupt nicht weiß, wer ich bin, bis ich vom Abgrund angeschaut werde, bis der Innenvogel meines Lebens zurückschaut. „Der Mühe entspricht der Lohn", sagt der Talmud. Es gibt kein wahres Tun und kein echtes, herausforderndes Leben, das nicht auch die Offenbarung eines neuen Weges wäre. Und das Bild des Phönix ist die Speisung auf diesem Weg. Die Seele hat an die Welt als Vorzimmer „gedacht" – ein Vorzimmer, wie es im Talmud heißt, „für die zukünftige Welt; rüste dich im Vorzimmer, damit du Einlass findest in den Saal." Wenn der Saal das verwandelte, mit Bewusstsein durchschrittene Leben ist, dann war Franz Kafka der Besitzer jenes Sprachschlüssels, der mit dem Geheimnis des Öffnens zusammenhängt. Man dürfe niemanden betrügen, schrieb er in seinen „Betrachtungen über Sünde, Tod, Hoffnung und den wahren Weg", auch nicht die Welt um ihren Sieg. Also reiße ich mich zusammen und will auch die Partydurstigen nicht verurteilen. Die Welt braucht das, was sie braucht. Ich liebe die

Welt und ich bitte die Welt, mich mit ihren Partys in Ruhe zu lassen, vor allem aber, die echten Blicke, die wahren Umarmungen nachwachsen zu lassen und dann, wenn es so weit ist, dass wir einander wieder ohne verdeckte Gesichter umarmen können, werde auch ich mich betrinken, selbst wenn das heißt, was es bei mir immer und auch ohne Champagner heißt: nach einem halben Glas aufgeben und mit roten Wangen über die Schönheit des heiligen Lebens reden.

Der Welt ihren Platz zu lassen, das hieße also in der Folge, den eigenen Platz genauer sehen zu lernen, in der Welt, aber nicht von der Welt zu sein und dort zu bleiben, wo man gerade ist, wenn die Welt einem zusetzt. Vielleicht betrügen sich alle Menschen, denen es an Vertrauen mangelt – und wem mangelt es nicht daran? Jeder kann sich noch mehr lassen und noch mehr dem Nichts anvertrauen, so wie es Meister Eckhart in seinen eingangs schon erwähnten berühmten Unterweisungen formuliert: „Du musst wissen, dass sich noch nie ein Mensch in diesem Leben so weitgehend gelassen hat, dass er nicht gefunden hätte, er müsse sich noch mehr lassen." Diesen Satz bewege ich seit zwei Jahrzehnten in mir – deshalb hat er sich wohl drei Mal in dieses Buch eingeschlichen. Wohin soll man sich lassen? Ist man selbst auch eine Richtung, die Zeit und der Raum, der gelassen werden soll, indem man sich selbst lässt?

Die wahre Gelassenheit beraubt uns selbst dieser Fragen. Das Lassen des Fragens, welche Erlösung! Das Annehmen des leergewordenen Momentums. Bis sich das nächste Bild des Lebens von allein zeigt und selbst das wird, was es ist. Der Sinn des Lebens, der keine Gründe braucht, um da zu sein, er schenkt sich nur, wenn nichts mehr sich schenkt.

Gestern habe ich gegärtnert. Unser Balkon ist eine kleine Kräuter- und Gemüseplantage geworden. Mit erdschwarzen Händen kniete ich neben meiner Tochter auf dem Balkon, und ich dachte an meinen Vater und den Garten in Dalmatien, den er dem schroffen Karst abgetrotzt hatte. Lastwagenweise ließ er rote, fruchtbare Erde aus Bosnien herankarren, und unser blühendes Paradies begann, mit Feigen, Erdbeeren, Sauerkirschen, Melonen, Tomaten und Pfirsichen die vorbeigehenden Pilger zu begrüßen, ohne dass wir je an der Kraft des Südens hätten zweifeln müssen. Auf unserem Balkon in Berlin wächst jetzt auch Flieder. Die Farben des Mittelmeers schwingen sich mit den im Wind tanzenden Pflanzen in unsere Blicke ein, während COVID-19 weiterhin die ganze Welt in Stillstand versetzt hält. Leider nicht mehr alle Autos. Auf unserer Straße scheinen wieder überdurchschnittlich viele unterwegs zu sein. Auch Lastwagen, die keine rote Erde, wohl aber Nahrungsmittel für uns Städter bringen, während ich das neueste Buch von David Albahari im

Auftrag eines deutschen Radiosenders lese und dabei einer merkwürdigen Koinzidenz gewahr werde. Der serbisch-jüdische Schriftsteller Albahari ist wie die an der Tiefenpsychologie C.G. Jungs geschulte Analytikerin Marie-Louise von Franz an Parkinson erkrankt. Und wie sie, ist auch er sehr bescheiden, zieht sich zurück und lässt stattdessen seinen Erzähler über die vielschichtigen Transformationen des menschlichen Geistes nachdenken. Albahari und von Franz haben sich beide mit dem I-Ging, dem altchinesischen „Buch der Wandlungen" beschäftigt. Die Wandlungen, sie sprechen in allen Erscheinungsformen zu uns. Und gerade als ich wieder über sie nachdenke, trifft es sich, dass die serbische Reinigungskraft, die für die Gemeinschaftsflächen unseres Wohnhauses zuständig ist, mit ihrem Putzeimer vor mir steht. Erst später werde ich begreifen, dass sie sich gegen Wandlungen zur Wehr setzt und der Ort dieses Sich-Zur-Wehr-Setzens ihr Körper ist. Als ich sie in unserer ersten Sprache nach ihrem Wohlbefinden frage, bemerke ich plötzlich, dass sie unter ihrem Kapuzenshirt eine Art Haube trägt, mit der ihr Gesicht nach hinten gezurrt ist, sodass es sehr glatt und wie bei einem Puppenmodell perfekt gestrafft aussieht. Unter der Haube hängt, das sehe ich erst nach einigen Augenblicken, eine eigenartige Kanüle, die mit Flüssigkeit gefüllt ist. Das spielt sich alles wie in Zeitlupe vor mir ab. Die Frau erzählt mir, sie sei im Krankenhaus gewesen. Eine Operation, denke ich, und das in Corona-Zeiten, in denen Krankenhäuser die gefährlichsten Orte für Ansteckung sind! Mein Erschrecken darüber, dass sie gerade jetzt gezwungen war, sich operieren zu lassen, unterwandert sie mit einem kindlichen Lächeln und sagt: Aber es war ja mein eigener Wunsch, es ist nichts Schlimmes. Und sie zeigt mit der rechten Hand auf ihr Gesicht und verdreht die Augen nach oben, als würde sie damit sagen wollen, ich konnte einfach nicht widerstehen. Erst da begreife ich, dass sie sich freiwillig unter das Messer eines Chirurgen gelegt hat, es also keine lebensnotwendige, sondern bloß eine sogenannte Schönheitsoperation war. Und nun hält die Haube auf ihrem Kopf die Arbeit des Chirurgen zusammen. Erschüttert vor allem über die mit einer Flüssigkeit gefüllte Kanüle wünsche ich schnell einen schönen Tag, und das, für mich selbst überraschend, nun in deutscher Sprache, die mir einmal mehr hilft, wieder zu mir selbst zurückzukehren. Ich flüchte also regelrecht aus diesem Gesprächsbündnis in den Keller und spüre noch Stunden danach, wie das Entsetzen über diesen Eingriff mir die Kehle zuschnürt. Noch immer kann ich es nicht begreifen, dass eine Reinigungskraft sich das leisten möchte (ganz abgesehen davon, dass ich es bei niemandem begreife) und selbst Corona sie nicht davon abhält, für das Messer des Chirurgen Geld auszugeben und die Gefahr einer Ansteckung auf sich zu nehmen. Noch immer erschauere ich, wenn ich mich an das festgezurrte, unbewegliche Gesicht erinnere. Aber die erste Sprache baut parallel eine andere Brücke in mir, andere Bilder, wohltuende, leben auch in ihr, und sie zeigt sie mir großzügig. Ich denke an meinen herzegowinischen Großvater zurück, an die tiefen Falten in seinem schönen, feierlichen Gesicht, die, wie die ihn umgebende Landschaft, von der Kraft der Erde zeugten. Benannt nach dem Heiligen Johannes war er in der ganzen Gegend bekannt und hatte sich als Möbeltischler und Dachdecker ins Leben unzähliger Menschen mit seinen das Holz liebenden Händen eingeschrieben. Ich habe den Geruch der Holzspäne sehr geliebt, sie sind Teil meiner ersten Erinnerungen an jene äußere Welt, in der die Menschen meiner Kindheit noch eine Beziehung zur Gnade hatten. Ich will diese Liebe nie vergessen, und ich will Schülerin dieser Gnade sein. Der Lockdown hilft mir, innerlich durch das Holz und das Gedächtnis der Bäume der Gnade Raum zu lassen, ohne alles mit meinem Willen zu durchdenken. Und vielleicht findet sich bald ein geeigneter Holzvermittler, bei dem ich mit dem Wunder wirkenden Holzleben wieder in Berührung kommen kann, das mir in der Zeit der kleinen Jahre die Welt über Geruch, Form und Menschenatem beigebracht und gezeigt hat, auf welche Weise unser Leben mit den Materialien, die die Natur uns schenkt, zusammenhängt. Ich könnte die Nachbarskinder fragen, mich von Friedrich, Lieselotte und

Augustin, die auf dem Balkon nebenan den kleinen Puppenstuhl gebaut haben, an ihrer Werkbank unterrichten lassen. Aber Corona lässt das gerade nicht zu. Friedrich hat neulich angeboten, mich zur Pantherzeit mit seiner Geige zu begleiten, hat dann aber offenbar Hunger bekommen und ist nicht mehr auf dem Balkon nebenan aufgetaucht. Er spielt praktisch Tag und Nacht Geige. Sein künstlerisch ausgerichtetes Herz, sein Eigensinn, sein Witz, all das ist so erfüllend wie die Freude, die der Frühling uns schenkt. Und Lieselotte wird immer schöner, ihre Sanftmut füllt den Raum, und wenn sie nur kurz vorübergeht, sind wir dankbar, dass wir ihr beim Wachsen zusehen dürfen. Der Lichthof schenkt uns eine neue Form von Nähe. Anke hat schon vorgeschlagen, dass wir alle einen Kurs in Gebärdensprache machen sollten, um uns auch so unterhalten zu können.

Manchmal lese ich jetzt auch am Morgen die Zeitung. Es ist bekannt geworden, dass es, wie bereits im Vorjahr, auf Island in diesem Sommer keinen Walfang geben wird. Grund dafür, heißt es, seien die Abstandsregelungen im Zuge der Corona-Krise. So sei es unmöglich, das Fleisch der Meeressäuger unter Einhaltung der Distanzregln zu verarbeiten. Jetzt haben die Wale etwas mehr Zeit für sich selbst und ihren eigenen Gesang. Das gilt schon nicht mehr in dieser schönen und Wochen währenden Ausschließlichkeit für die Vögel. Die Autos haben sich die Straße zurückerobert. Und die Wirtschaft macht das Gleiche mit den Gedanken der Menschen. Die werbenden Reden sind wieder so zielgerichtet wie vorher. Vor nur elf Tagen sah und fühlte sich alles ganz anders an. Ich konnte noch über die Welt in der Welt der Welt so voller Hoffnung nachdenken, dass eine andere Leuchtspur, neue Leuchtfäden möglich waren. Es scheint, dass die Sonnenfragmente des Neuen aus der inneren Ruhe, aber auch aus der ruhiggestellten Außenwelt kamen und sich in einer ganz frischen Einheit geschwisterlich zu einem synästhetischen Gebilde in meinem Gedankenraum besuchen und befreunden konnten. Mir fallen neue Wörter ein, Zeitschleusen und Sonnengedanken darunter. Auch Sonnenblumenbücher. Freundschaftsarchive. Singbuchstaben. Farbbeseelungen. Regenbogenfrühling (wiederholt doppelte Regenbögen gesehen!). Hortensienapril. Sinnalphabet. Wärmeliniengruppen. Diese andere Welt in der Welt der Welt. Die Wohnung, die man bewohnt und wie man (Walter Benjamins Gedanken folgend) aus der Wohnung, wo einer haust, und aus dem Stadtviertel, das er bewohnt, sich ein Bild von seiner Natur und Wesensart macht. Denn ja, er hat es tief empfunden (gesehen): „... wie die Pflanzen, von denen man erzählt, dass sie die Kraft besitzen, in die Zukunft sehen zu lassen, so gibt es Orte, die die gleiche Gabe haben." Das Haus, in dem ich lebe, ist vielleicht auch mit so einer prophetischen Gabe unsere neue gemeinsame Welt geworden, berührbare Zukunft einst, nun Gegenwart, in die wir mit jedem Tag des Miteinanderseins hineinwachsen. Mein Nachbar Dirk sagt, wir lernen miteinander zu sprechen. Gibt es eine schönere Weise, Beziehung einzugehen? Dirk ist Maler, er malt gerade Bilder, die er mit einer neuen Schicht übermalt, das eine Bild bettet sich geschützt ins andere ein. Die verschiedenen Ebenen dieser Bilder sind mit dem äußeren Auge nicht zu sehen, nur die obere Schicht, als Statthalterin des Erzählten, in-Sich-Verschwundenen und in-Sich-Ruhenden, zeigt sich. Und doch sind, wie in der Seele, auch alle anderen Bildebenen da als ineinandergelegte Welt.

Zeugnis geben, der Zeit und sich selbst, kann man nicht in lügenhaft verstrebten, auf äußere Inszenierungen ausgerichteten Handlungen. Überall, wo jenseits einer träumerisch-schöpferischen Form Inszenierungen als Leben verkauft und verhandelt werden, wird auch das Leben selbst verkauft. Die Rückkehr zum echten Tun war vielleicht noch nie so wichtig wie jetzt. Ich bin dankbar, dass falsches Einvernehmen in mir schwindet, und in der Folge für mich Fassaden in einer Außenwelt, die mir in verschiedenen Formen begegnet, erkennbar werden. Es überrascht mich nicht, dass ich diesen Gedanken schon im letzten Frühling in New Hampshire hatte, von wo ich mit dem Auto zum Haus von Emily Dickinson fuhr, im Kopf mit der Lektüre von Vladimir Jankélévitch beschäftigt. In seinem Essay „Von der Lüge", den er 1942 im Vichy-Frankreich veröffentlicht hat, denkt er über die Beziehung zwischen Lüge, Bewusstsein, Verstehen und Sprache nach. Sein Zugang zur Güte, der er den Platz an der Seite des „geheimnisvoll Guten" gibt, ist, wie sein Schüler Xavier Tilliette ausführt, „vom Bösen unverwundbar". In der Güte ist jene Kraft des Wissens auch um die eigene Unvollkommenheit abgelegt, ein Sich-Selbst-Kennen. Der Gütige weiß, dass, wie Jankélévitch ausführt, „die Möglichkeit der Lüge (...) mit dem Bewusstsein selbst gegeben ist." Es ermesse sowohl deren Größe als auch deren Erbärmlichkeit. „Und so wie die Freiheit nur frei ist, weil sie zwischen dem Guten und dem Bösen wählen kann, so liegt die Dialektik in der Lüge ganz und gar in einem Missbrauch von Macht, der dem erwachsenen Bewusstsein eigen ist." Daraus, dass der Lügner in seiner lügenhaften Tiefe nie ganz unbewusst ist, folge nicht, dass alles Bewusstsein lügenhaft sei. Die Lüge ist also nie für sich allein in uns tätig. Wir wissen stets um ihr wirksames Vorhandensein. Aber weil wir das wissen, haben wir ein Bewusstsein – und das Bewusstsein stellt uns die Möglichkeit einer Wahl zur Verfügung. „Denn man lügt niemals, ohne es zu wollen", schreibt Jankélévitch und kommt auf etwas zu sprechen, das mich von Kindheit an beschäftigt: Die erste Lüge. Die Art und Weise, wie sie Zugang in unser Bewusstsein findet und welche Impulse sie in uns auslöst, bildet eine auratische Struktur in unserer Innenwelt. Hier ist der Ursprung all unserer Beziehungen zur Wahrheit, zur Güte und zu jenen dunklen, behaglichen Zonen unserer schnell abgeriegelten Innenwelt, in der wir die Leichtigkeit der Lüge wie dicke Vorhänge vor unserem Denken zuziehen, uns vor uns selbst verstecken können, so wie sich die bürgerlichen Stadtmenschen im Neunzehnten Jahrhundert vor der Außenwelt schützen konnten, indem sie die dichten Stoffe an ihren Fenstern zuzogen, um sich rasch allabendlich den Blicken Neugieriger zu verweigern. Mit COVID-19 sind wir nun alle zeitgleich in den Innenraum des Bewusstseins eingezogen, dem es eigen ist, dass wir zwar die schweren Vorhänge vor die Iris namens Wissen ziehen können, aber das Auf-sich-Selbst-Zurückgeworfensein macht es unmöglich, dass wir den raschelnden Stoff überhören und den aus ihm aufsteigenden Staub nicht bemerken – die Vorhänge allein verweisen auf etwas, das uns womöglich auf das aufmerksam zu machen versucht, was Jankélévitch selbst als gefährdeter Jude in Lebensgefahr zur Zeit des Zweiten Weltkriegs in Frankreich niederschrieb – auf „die punktuelle Wahrhaftigkeit einer Sekunde".

Dieses Aufblitzen einer inneren Zeit spüre ich zusammen mit Gregor fast jeden Abend auf dem Balkon, wenn wir Rilkes Panthergedicht lesen, nunmehr fast immer ohne Nachbarn und in einem Gefühl innerster Geborgenheit, wenn wir vor uns auf den im Abendwind wogenden Wipfel einer erhabenen alten Stieleiche schauen. Gestern kam ein kleiner Sturm grüßend auf. Vorher aber verfärbte sich der Himmel rot. Er brannte wie ein Dornbusch in einem rüttelnd-roten Ton, der vom Westen auf die Eiche zuströmte und bald schon in einen ockerfarbenen Wüstenton, sandig und gelbgewendet wechselte, um mit diesem dann dem Regen ein Zeichen zu geben. Und um sich violett zu entladen, vorzeitig schnell bis zur traumsicheren Verwandlung in einen Regenbogen, sodass ich verwundert und ergriffen, als sei das Wetter aus meinem Inneren auf den Himmel übergegangen, nur noch Dank sagen konnte. Ich dankte dem Gedicht, der Arbeit der Farben und dem grandios uneinnehmbaren Regen, in den nun der Wipfeltanz aller Bäume vor unserem Balkon fiel, ein Farb- und Lebenstanz, bei dem ich *wusste* – indem der Gedanke zu mir kam: alles kann gut und neu und ganz anders werden, wenn es mir gelingt, fortwährend ehrlich zu leben, Korrekturen vorzunehmen, die mir „die punktuelle Wahrhaftigkeit einer Sekunde" zuspielt. Jeder Mensch lügt. Aber es besteht noch immer jener Unterschied, den der Heilige Augustinus formuliert hat, zwischen einem Menschen, der lügt, und einem lügenhaften Menschen.

Die schmerzende Hand hat mich von Jahresbeginn an immer wieder korrigiert, sich aufgelehnt gegen eine falsche, mir schadende Schnelligkeit, die von den Erfahrungen der Vergangenheit bestimmt war. Das Denken und Mitfühlen sind Kinder der Langsamkeit, die ich zum Glück auch kenne. Und sie sind Kinder der Gegenwart, die aus dem Hier und Jetzt erwächst. Nur der Schmerz konnte mich dazu bringen, vom fortwährenden Tun und vor allem vom alles Allein-tun-Müssen Abstand zu nehmen und das innere Denken selbsttätig handeln zu lassen, es also nicht kontrollieren zu wollen und dem Zweckhaften wieder zu entreißen. Gleichsam von allein zeigt sich dabei die Lüge, die aus dem Zuviel des Zwecks rührt. Und diese Lüge möchte gar nicht bleiben. Ihre Arbeit ist das Sich-Einmischen. Die Lüge ist prinzipiell substanzlos, weil sie keinen Kern hat, sondern einen wahren Kern angreift, sich also auf das ausrichtet, was ihr nicht gehört. Nur so kann sie wachsen. Sie bietet sich an. Niemand kann aus Steinen Brot machen. Der Wille wird aber immer wieder aufs Neue Fürsprecher der Versuchung und macht uns glauben, wir könnten das vollbringen, was gar nicht nötig ist – etwas Äußerem anheimfallen. Das, was geschehen soll, geschieht ohnehin. Aber noch wichtiger: „Der Mensch lebt nicht nur vom Brot allein." Die Versuchung, dem Leiden aus dem Weg zu gehen, ist so stark, dass die Lüge uns als ein Versprechen erscheint, als Versuchung, einem anderen Weg als dem uns anheimgegebenen zu folgen. Und darin liegt die Verstrickung, doch die Versuchung ist unvermeidlich. Sie ist es, die uns in das Unzerstörbare einweist, auf das verweist, was wir nicht haben, nicht kontrollieren und nur geschenkt bekommen können. Das Unzerstörbare, das, was jenseits der materiellen Brotwelt unser Sein beatmet und Lebensluft ist, muss erst freigeschaut werden. „Der Mensch kann nicht leben ohne ein dauerndes Vertrauen zu etwas Unzerstörbarem", heißt es einmal bei Kafka, „wobei sowohl das Unzerstörbare als auch das Vertrauen ihm dauernd unbekannt bleiben können". Die Arbeit der Lüge im Raum der Bewusstseinserweiterung ist wichtig, weil sie Druck erzeugt und in die Einsamkeit drängt, aus der heraus sich das Wesenhafte herausbildet. Sie wächst mit dem ins Helle Strebenden und zeigt sich als der Raum, der neue Lücken möglich macht, Lücken, die zu Durchgängen in etwas Neues werden können. Meine Hand bringt mir bei, die verschiedenen Grüntöne des inneren Lebens zu erkennen, sie anzuerkennen, eine Abtasterin des grünen Reichs zu sein, in dem ich zur Sonne wachse und das sehe und wegzupfe, was nicht zu meinem inneren Garten gehört.

Alles in mir sträubt sich nun, wie es Hölderlin sagt, gegen das Wesenlose. Das richtige, das freigelegte Grün ist eine geistige Epoche in meinem Seelenleben. Die Hand hat im Schmerz rebelliert, sich entzündet, um mich vom äußeren Feuer ins Innengrün der Erde zu führen. Dann brach COVID-19 aus, als ich gerade Schülerin dieses Innengrüns wurde und seine Mitteilungen zu entziffern begann. Und ich konnte nicht mehr zu äußeren Behandlungsmethoden oder Physiotherapien greifen. Nur zusehen und im Staunen den Farben in aller Langsamkeit ebenbürtig werden. Die Hand ist ein Buch, das sich zur Lektüre verschenkt. Und dieses Buch verlangt von mir die Rückkehr zur „punktuellen Wahrhaftigkeit der Sekunde", in der die Zeit so gebündelt ist, wie ein Insekt im Bernstein liegt. Nur die freiflutende Sekunde kann sich wieder aus dem Gefängnis der äußeren Stunden befreien, das Insekt bleibt für immer im Bernstein gebannt. Vladimir Jankélévitch hilft mir in diesem Prozess, das zu begreifen, was sich mir als Schülerin des Schmerzes gezeigt hat und was er die beiden mystischen Haltungen nennt, mit denen das Unausdrückbare uns begegnet: als „irrationale Intuition" und als „Schweigen". Da ich meine Hand brauche, um das zum Ausdruck zu bringen, was ich bin – ich bin Schriftstellerin, ich stelle die Schrift in den Raum und in die Zeit –, kann ich dieser polyphonen Stille nur mit Worten nachspüren und sie über das innere Ohr einladen, in mein Jerusalem – die Worte – Einzug zu halten. Dazu muss ich lange und ausdauernd im Schweigen geruht haben. Nichts ist stiller als die im Vorklanglichen sich gebärende Sprache aus diesem (dem Verstand fremdfernen) Raum der Intuition und des Schweigens. Ich rücke in den Hintergrund und schaue, was das Ohr dem Sturm der Außenwelt ablauscht. Dieses Gewahrwerden der Stimme, das mich in meinem Leben und in meiner Arbeit auf den Weg gebracht hat, nennt der deutsch-israelische Psychoanalytiker Erich Neumann „die Offenbarung der Stimme im Einzelnen". Sie setze ein Individuum voraus, das sich vom Kollektiv und seinen Werten unabhängig machen kann. Die frei geäußerten Gedanken wirken dann wie Magneten der größeren geistigen Freiheit, die sich auf das Volumen eben dieser Freiheit im gesamten Bewusstseinsraum des Menschen ausrichten und von dort auf die Schöpfung und das einzelne Leben einwirken.

Die Hand ist als Synästhetikerin mit diesem Schöpfungsraum verbunden und handelt im wahrsten Sinne des Wortes als der von Natur aus in mich eingeschriebene Urgrund. Dieser Kern muss mich nur jenseits meines anderen Wollens finden. Ich muss ihn mich finden lassen, damit das wirksam ist, was der Urgrund ist, und nicht das, was mein Kopf sagt. Die Archetypen, Urbilder der Seele, die C.G. Jung als Orte im kollektiven Unbewussten beschrieben hat, arbeiten in uns ohne unser Zutun. Ich brauche keinen Sieg über die Natur, weil ich weiß, in Anlehnung an Jung, dass in jedem Sieg die Anlage für eine künftige Niederlage steckt. Siegen ist anderen gegenüber vulgär, sich selbst gegenüber ist es gesundheitsschädlich. Ich bin also in beiden Richtungen kundig und gut unterrichtet durch meine eigenen Überschreitungen, die etwa (um nur ein Beispiel zu nennen, das lebensverändernd ist) vom Opferdenken herrühren und zu Fehleinschätzungen jedweder Art führen können. Die Lüge und das Falsche schleichen sich schnell ein in die eigenen Reaktionen, denn das ist, in winzigen und doch alles zersetzenden Partikelchen des Bewusstseins, ihr Zuständigkeitsbereich. „Ich allein kenne von innen her diese Folge verschwindend kleiner Bewegungen, deren Kontinuität meine Biographie bildet", schreibt Jankélévitch über das lügenhafte Bewusstsein. Die Lüge, sich selbst und anderen Menschen gegenüber, sei innere Flucht, das Verlassen des Postens, das Opium der geringsten Anstrengung. Diese Unaufrichtigkeit sich selbst gegenüber (und in der Folge allen und allem anderen auch) ist von einer derart flüchtigen Natur, dass sie mir manchmal wie geträumt erscheint. Und in der Tat ist diese schwebendleichte Innenkraft des Gewissens so sanft, wie die Bilder mancher Träume raum- und zeitlos sind. Die Lüge bezeichne genau den Weg des geringsten Widerstandes, so Jankélévitch, und sei ebenso wie das Laster oder die Ausschweifung letztlich die Herrschaft des Augenblicks: „Weiß sie, dass sie im Gegenzug für unmittelbare Befriedigung vielleicht eine lange Reihe von Unannehmlichkeiten in Kauf nimmt?"

Unser Körper speichert die rigorose Betrugskraft aller dieserart verfassten Unannehmlichkeiten an einer Stelle ab, die besonders wichtig für unsere Integrität und die Stärke der Seele ist – dort lagert das Archiv des im falschen Willen Getanen, dort sind die großen und kleinen Lügen ablesbar. Das Gedächtnis unserer Kompromisse, der Unaufrichtigkeiten, der bewusst forcierten Auslassungen (die Simone de Beauvoir als die gemeinste Form der Lüge bezeichnet hat) schreibt sich im Lauf der Jahre genau dort als Blockade ein, mit der die Physis sagt: Bis hierher durftest du über mich herrschen, nun aber spreche ich zu dir als Grenze. Davon abgesehen fügt kein Körper sich widerstandslos irgendeiner Lüge, sei sie auch noch so winzig, ohne sich im Unwohlsein gleichwelcher Art zu spiegeln und auf diese Weise selbsttätig vom Archiv zu berichten – das Gleichgewicht hat eine Sprache, ebenso wie das Ungleichgewicht. Der Körper ist eine kleine Erde und macht darauf aufmerksam, dass auch eine kleine Lüge eine große Wirkung in dieser Erde hat und eine, so eine Formulierung von Jankélévitch, „systematische Falschheit" nach sich zieht. Ich will nicht mein Leben, das als Offenheit in mir angelegt ist, hinter einer Mauer verschwinden lassen, der das Falsche, das Verborgene, die List und Lust der Lüge zuarbeitet und allmählich allumfassend mich bestimmende Wirklichkeit wird. Die auf das Außen ausgerichtete Blickweise, die Gier, das Geld (als Ergebnis einer

Welt, in der alles, auch ein Lächeln zum Kapital wird), die in Szene gesetzten Menschen, Berufe, Denkformen – all das ist dem Gesang der Vögel entgegengesetzt. Wieder denke ich an Olivier Messiaen und seine „ideale Singdrossel" und frage mich, was ich auf der seelischen Ebene von ihr lernen kann. Die Singdrossel war für Messiaen einer der schönsten Vögel und Sänger in ganz Europa. Die Singdrossel beeindruckte ihn besonders dadurch, dass sie ihre „Strophe (…) dreimal hintereinander singt, und jedes Mal unterscheidet sich die eine von der anderen durch einen markanten Rhythmus und eine Klangfarbenmelodie. Das heißt, dass die Klangfarbe bei jedem Ton verschieden ist und die Rhythmen bei jeder Strophe verschieden sind. Die Strophe wird dreimal wiederholt und am nächsten Tag gibt es andere Strophen, die auch dreimal wiederholt werden, aber dann sind sie ein für alle Mal vorbei, man wird sie nie wiederhören. Man muss also eine ideale Singdrossel zusammenstellen, nachdem man Hunderte von ihnen gehört hat, und alle ihre Möglichkeiten der Strophenbildung kennen, um sie dann in einem entsprechend kurzen Zeitraum zu einem normalen Solo zusammenzufassen." Vielleicht befindet sich in unserem Inneren auch eine ideale Singdrossel, eine Klangfarbe, die wir mit den Jahren des Lebens freisetzen, wenn wir uns selbst zuhören lernen. Bevor wir das, was wir einmal über uns in Erfahrung gebracht haben, als die einzige Strophe auf dem Weg des Selbsterkennens ansehen, könnten wir versuchen, in einer anderen Strophe etwas Neues über uns zu sagen und uns nicht vom Alten auf das Alte festlegen lassen. In diesem Prozess des inneren Reisens spielt unsere Vorstellung von Zeit eine wichtige Rolle. Wir neigen dazu, die Vergangenheit als etwas faktisch Abgeschlossenes anzusehen, aber es gibt auch eine Meta-Zeit, aus der heraus ein neues Denken und Sprechen möglich werden kann. Der Wechsel als das Beständige spricht auch in uns, so wie die variierenden Strophen im Gesang der Singdrossel zum Ausdruck kommen. Was ihn am meisten erneuert habe, sagte einmal Olivier Messiaen, sei sein Umgang mit den Vögeln gewesen. Das habe viele Leute zum Lachen gebracht, weil die Vögel für sie die „kleinen Vögel" seien. Als er sich mit den Vögeln beschäftigte, begriff er aber, „dass der Mensch so viele Dinge nicht erfunden hat, sondern dass schon viele Dinge vorher um uns herum in der Natur existierten – nur hat man sie nie gehört. Zum Beispiel hat man viel von Tonarten und Modi geredet – die Vögel haben Tonarten und Modi. Man hat auch viel von Teilung der kleinen Intervalle gesprochen, von Viertel- und Dritteltönen – die Vögel machen auch diese kleinen Intervalle." In die Natur zu gehen, den Vögeln zuzuhören, das habe ihm erlaubt, sich zu erneuern, Neues in seinen melodischen Linien, wie er es sagt, in seinen neuen Kontrapunkten, seinen Klangfarben und seiner Orchestrierung zu finden.

Die Vögel, die jetzt mit Nachdrücklichkeit die Wipfel der städtischen Bäume bevölkern, scheinen mich mit gesammelter Kraft auf diese Modi und Möglichkeiten des Gesangs hinzuweisen und mir zu sagen, sei auch du leise, bevor der Gesang sich selbst offenbart, höre auf die Intervalle, die in dir sind, bis eine jede Strophe in einem jeden Element auf die ihr gemäße Weise in dir zu sprechen beginnt und dann von sich aus Welt wird, wenn auch die Welt der Welt ins Innere fällt. Und auf diese Weise alles überdauert. Die Zeit. Den Schmutz. Die Lautstärke. Die Falschheit. Die Kriege. Die Gifte. Die unechten Gerüche. Den auf das Kaufen und Besitzen getrimmten Menschen. Die falsch verknüpften Verbindungen aus all dem Falschen, dem wir schon als Kinder ausgesetzt wurden, dem wir uns nun selbst aussetzen und manchmal auch aussetzen müssen, und nun sind wir alle gestoppt worden, jeder an der Stelle, an der er sich gerade innen und außen befand, als COVID-19 sich einzumischen begann. Der Panther kann dem Käfig vorerst nicht entkommen. Vielleicht wird es Jahre dauern. Ein Jahrzehnt. Wer kann es jetzt wissen? Die Vögel aber sind frei und unter sich, während wir Menschen nun, in Käfigen sitzend, zu ihnen nach Außen blicken, ein Außen, das uns einmal, wie wir dachten, gehört hat. Aber was gehört uns schon? Was kann uns je in der Außenwelt gehören? Auch in Neu-Delhi singen die Vögel wieder. Den Menschen in Indien gab man gar keine Zeit, ihnen ein bisschen ähnlich zu werden – innerhalb von vier Stunden waren alle in ihre Wohnungen verbannt, niemand konnte sich auf diese neue Lage vorbereiten. Der Smog ist in den meisten Städten weltweit fast verschwunden. Das milchige Gelbgrau und die sonst deutlich sichtbare Staubschicht ist von unserem Himmel verschwunden. Nur ein paar Wochen Stillstand, und die Luft hat wieder zu sich selbst und in ihr Element zurückgefunden. Ob ich es ihr auf Dauer nachmachen kann? Immer wieder kommt mir der Gedanke, dass das, was die Natur macht, was die Umwelt uns als Urbild und Urzustand zuspielt, auch in uns in Bewegung geraten kann, uns erreichen wird als das Potenzial einer neuen Wirklichkeit. Die Vorläufigkeit des Smogs erscheint mir nun wahrer und realistischer als sein Dauerzustand, an den wir uns gewöhnt haben. Vor allem aber haben wir die sanfte Wildheit der Seele verloren, jenen freien Blick, der feurig in das Unbekannte schaut und keinerlei Erneuerung scheut. Die Temperamente schliefen so lange, waren von der Staubschicht des verschmutzten Stadtlebens bedeckt, und nun lebt und liebt, sehen wir, doch die ganze Zeit etwas anderes darunter. Wir leben. Wir haben nie aufgehört zu leben. Das, was in uns an Wildheit überdauert hat, konnte niemand kaufen. Auch wir selbst nicht, gerade wir selbst konnten uns an dieser Stelle gar nicht betrügen. Paul Klees Bild „Märchen" von 1929 verweist auf diesen inneren Zustand, in dem ein Mensch offenbar auf der Suche nach einem blauen Glücksvogel ist. Dieses Symbol ist in vielen Märchen der Welt transzendenter Natur und wird als wirksamer Talisman verstanden, um, wie es Marie-Louise von Franz über den Individuationsprozess sagt, Krankheiten zu heilen oder ein Unglück abzuwenden. Dabei nimmt der blaue Glücksvogel auf Klees Bild gar nicht viel Platz ein; ohne seine Flügel aber wäre das Bild seltsam sinnloser, wenn auch immer noch in seinen Farben und in seiner ineinanderfließenden, harmonisch wirkenden Formenwelt und Komposition vollkommen. Doch fehlte dieser Perfektion die Richtung, die von der Flügelkraft des kleinen Vogels rührt und zur Vermählung mit etwas Neuem führt. Die Seele baut so ihr Zentrum aus, macht ihren Mittelpunkt sichtbar, der sich als das Schöne auswirkt, wie es Klees große rote Sonne tut, die kein bloß nur mathematisch gezirkelter Punkt im Raum ist, sondern eine innere Zeittemperatur setzt, von dort zum Betrachtenden spricht und ihm aus ihrem Uhrwerk heraus das Sehen ermöglicht. Klees rote Sonne wirkt zudem wie die in Erlösung einer Farbe und in Form gefundene Kraft, die uns als zerstreute Dunkelheit, als verstörende Gefahr in Labyrinthen begegnet, die wir nicht sofort überblicken und die uns zu verschlingen drohen, wenn wir uns ihnen aussetzen oder auch nur in ihre Nähe geraten.

Die äußeren Räume können uns nur soweit in Unruhe versetzen, wie sie in uns selbst als Unbewusstes vorhanden sind. Das Gemälde „Die angstvolle Reise" von Giorgio de Chirico und die darauf zu sehenden düsteren Gänge zeigen eine beunruhigend dichte Welt einer massiven Gewölbearchitektur, die von metaphysischem Rufen des Unbewussten zeugen können und durch die Dunkelheit verlockend und gefährlich in einem erscheinen. Der Wiener Maler Ernst Zdrahal hat dieses Bild, das 1913 entstanden ist (in einem Jahr, in dem Sigmund Freud „Totem und Tabu" veröffentlichte und das, wie sich herausstellte, das Schicksalsjahr der Welt wurde), 2009 neu interpretiert – ein Jahr wiederum, in dem unsere Welt sich durch die Finanzkrise verändert fand, in der gleichsam alles neu sortiert werden musste. Auf Zdrahals Bild ist alles heller, es erscheint begehrbarer, die dunklen Geheimnisse sind nicht ganz gebannt, sie sind einsehbarer geworden – eine alte Zeit scheint noch mit der Dampflokomotive direkt auf uns zuzufahren und will nicht von ihrem Ziel ablassen. Wir sind Gemeintes und Betrachtendes in einem. Beiden Künstlern arbeitet die Stille auf eine Weise zu, die vielleicht am ehesten als metaphysische Eindringlichkeit zu bezeichnen ist. Immer wieder denke ich daran, dass die Art, wie sie Licht und Schatten, Farben und Ruhe malen, vor ein paar Wochen nicht nur in meinen Träumen, sondern auch hier mitten in Berlin zu *sehen* war: eine Welt, der

Lautstärke beraubt, gewinnt allmählich durch die Jahreszeit, das Wetter, die Sonne, den Mond, den Wind, die besonders auffällig leuchtende Venus und den Regen an Kontur, wacht auf, so als hätten wir nie hinter den Schlaf der Welt geschaut, sondern uns immer nur in ihm, der einen Teil der Wirklichkeit in sich trägt, in dem kindlichen Glauben bewegt, dies sei das allein zu Sehende. Der Schlaf aber ist nur die Kulissentür für die im Ozean der Träume schwimmenden Bilder. Im starken Kontrast dazu – die verirrte Kraft, die Verwirrung, die Überheblichkeit, die Angst jener, denen die Macht immer zu gehören schien und die nun, da andere auch als freie Wesen immer sichtbarer auf Existenz und Würde pochen und sich zeigen, zum äußersten Mittel der Gewalt greifen – zum Mord. Erst am 9. Corona-Mai habe ich von Maud erfahren. Maud ist umgebracht worden. Beim Joggen. In Georgia. Ahmaud Arbery ist sechsundzwanzig Jahre alt geworden. Die beiden weißen Männer, ein ehemaliger Polizist und sein Sohn, die den schwarzamerikanischen Jogger mutmaßlich umgebracht haben, sind zwei Monate lang unbehelligt geblieben. Erst als das Video von der Tat auftauchte (und danach dauerte es auch noch ganze sechsunddreißig Stunden), wurden die beiden festgenommen und angeklagt. In einer großen Schweizer Tageszeitung wird das Video so beschrieben (da ich Videos von Gewalttaten nie ansehe, gebe ich die Notiz darüber hier wortgetreu wieder): „Das Video zeigt Ahmaud Arbery beim Joggen in einer ruhigen Wohngegend. Ein weißer Pick-Up steht in der Straße, am Lenkrad ein Mann, ein weiterer hinten auf der Ladefläche. Arbery will dem Anschein nach das Fahrzeug umrunden und verschwindet kurz aus dem Bild. Man hört gedämpfte Rufe, dann taucht der junge Mann wieder im Sichtfeld auf: er rangelt mit dem Fahrer des Trucks, der ein Gewehr in der Hand hält. Auch der Mann auf der Ladefläche ist bewaffnet. Es fallen mehrere Schüsse, dann bricht Arbery zusammen." Warum wird ein Jogger, der ganz offensichtlich einfach ein Hindernis umrunden will, als derjenige bezeichnet, der „mit dem Fahrer des Trucks" „rangelt"? Warum wird das Augenmerk nicht auf den Fahrer gelenkt, der sich bereits mit der Waffe in der Hand auf den Jogger gestürzt haben muss, als dieser das Fahrzeug umrunden wollte – denn vorher saß der Waffenbesitzer ja am Lenkrad. Warum benutzt die Schweizer Zeitung, die weltweit von deutschsprachigen Lesern geschätzt wird, eigentlich überhaupt das Wort „rangeln", das etwas Kleinbubenhaftes und Harmloses in der Begegnung der männlichen Körper suggeriert? Was heißt das überhaupt, „rangeln"? Der Duden erklärt die Bedeutung von rangeln mit „sich mit jemandem balgen". Als Beispiel wird dafür ein Satz wie dieser genannt: „die Kinder rangelten (miteinander)" und „(in übertragener Bedeutung): die Baufirmen rangeln um Aufträge". Synonyme von „rangeln" nennt der Duden:

"sich balgen", "sich herumschlagen", "kämpfen", "sich keilen", "sich prügeln" und "wetteifern". Nichts davon beschreibt die Situation und die Not, in der sich der Jogger Ahmaud Arbery befand – denn er wurde zielgerichtet attackiert und ermordet. Als einem Schwarzamerikaner in Georgia, der von zwei bewaffneten weißen Männern – Vater und Sohn – ganz offensichtlich geplant angegriffen wurde, dürfte ihm von Beginn an klar gewesen sein, dass es sich bei diesem Angriff auf ihn nicht um ein "Rangeln", sondern um eine lebensgefährliche Situation handelte. Junge Hunde rangeln miteinander, Kleinkinder rangeln im Spiel. Der Tod dieses jungen Mannes und das Video, das die Mordtat bezeugt, haben von Anfang an gezeigt, dass diese Tat alles andere als ein belanglos spielerisches Zusammentreffen war.

Welche Rolle spielt für uns auf dem europäischen Kontinent die vom Ereignisort weit entfernte Schweizer Redaktion der großen Tageszeitung, die ich hier zitiert habe? Die Sprache verortet, bewusst oder unbewusst, alles so, wie es vom Gesagten transportiert wird – da ist ein Mensch ermordet worden, beim Joggen, ungeschützt, und dieser Mensch hat sich mit anderen gerangelt. Das Rangeln erinnert eher an Dorfkinder, die sich für ein paar Minuten übereinander hermachen, bevor sie auf den Obstbaum des Nachbarn klettern und ein paar

Früchte stibitzen – es suggeriert eine Unschuld, die das Böse und die Mordtat überschreibt. Anstelle der Beschreibung des Unrechts wird das Geschehene verfremdet und banalisiert. Aber noch einmal zusammengefasst: Einem offen rassistischen Mord ging ein zielgerichteter Angriff voraus, der bewusst war und so ausgeführt wurde, wie er geplant war. Am 8. Mai 2020 gingen in Georgia viele Menschen demonstrieren – der Pandemie wegen trugen sie einen Mundschutz, der den Eindruck vermittelte, ihnen sei das Sprechen nicht erlaubt. Auf einem der Plakate stand: „Stop killing us". Eine Welt, in der Plakate wie diese hochgehalten werden müssen, um Menschen sichtbar zu machen, die auf offener Straße ermordet werden, ist keine humane und auch keine in Gleichberechtigung atmende Welt. Es ist nichts anderes als eine Lüge, wenn gesagt wird, alle Amerikaner seien vor dem Gesetz gleich. COVID-19 zeigt auch das, das Virus verweist mit allem, was es uns berichtet, in unserem Warten auf den Impfstoff und eine im Innen aufkommende Verwandlungsbereitschaft des Menschen auf die unbearbeiteten Einbringungen der Vergangenheit und macht auch jene Zeit sichtbar, in der Lynchmorde an Schwarzamerikanern an der Tagesordnung waren. Diese Beschriftung ist eine schöngeredete, unbearbeitete Wunde im kollektiven Gedächtnis Amerikas. Aber sie ist auch unsere Aufgabe, denn überall dort, wo Menschen um ihr Leben fürchten müssen, wird uns allen gezeigt, auf welche Weise auch wir darin verwickelt sind. In der Schweizer Zeitung steht beispielsweise, der Fall Arbery habe auch in Washington Reaktionen ausgelöst. Das Selbstverständliche, die Ethik des Lebens, sollte aber keine Nachricht, keine Ausnahme, sondern eine unmittelbare Reaktion sein, auf die wir nicht erst warten müssen und die wir betonen. Auch das zeigt, wie wir uns alle an diese Sprache der Kühle (und die ihr innewohnende Verachtung des Leidens anderer – ein Leiden, das seit vierhundert Jahren anhält) jenseits irgendeiner Nachdenklichkeit gewöhnt haben, wie wir uns offenbar an alles gewöhnen. Wie dumpf und unempfänglich wir dadurch geworden sind, dass wir die innere Welt der Empfindungen meiden, zeigt die bleierne Leere, die aus dem abgestorbenen Gefühlsleben herrührt. Nun, da unser aller Leben von einem neuen Virus gefährdet wird, das ein unkontrollierbares Eigenleben entwickelt, werden die Zerbrechlichkeit und Verletzlichkeit ein Schmerzenslied, das uns allen zeigt: Wir leben ohne die innere Offenbarung des gemeinsamen Beziehungsraumes bloß im Staub der Welt, und dieser Staub wird nichts anderes tun, als sich auch eines Tages über unsere mit eleganten Lügen totgeredeten Herzen zu legen.

Der Maler Giorgio de Chirico schreibt in seinen Erinnerungen und Reflexionen, die er „Das Geheimnis der Arkade" nennt, ein wirklich unsterbliches Kunstwerk könne nur durch Offenbarung entstehen. Und er zitiert aus Schopenhauers „Parerga und Paralipomena": „Um originelle, außerordentliche, vielleicht gar unsterbliche Gedanken zu haben, ist es hinreichend, sich der Welt und den Dingen auf einige Augenblicke grundsätzlich zu entfremden, dass einen die allergewöhnlichsten Gegenstände und Vorgänge als völlig neu und unerkannt erscheinen, als wodurch eben ihr wahres Wesen sich aufschließt." Dieser von innen aufkeimende Blick erklärt die allgemein als „metaphysische Bilder" bezeichneten Werke de Chiricos, aber dieses Sehen ist keineswegs nur der Kunst, die Anteil daran hat, vorbehalten. Wer in sich selbst keine Zeit findet, in der Zeit zu wachsen und aus dem geöffneten Innenkern, der sie vorantreibt und in Chronologie verwandelt, der kann auch in einem anderen Menschen nicht die schöpferische Quelle jenseits der Uhren erkennen und erliegt den dunklen Forderungen einer ihn verschlingenden Angst. Aber die Angst ist Sprache, sie trägt wie die Zeit Abstufungen in sich, sie kann eine sehr genaue Lehrerin sein und ins Gestalten rufen. Sie kann aber auch Tyrannin sein, die uns den Feind im Außen suchen lässt, der uns im Inneren selbst bewohnt. Mündigkeit entsteht im Bemühen um diese innere Welt, die von sich aus Fragen stellt; diese Fragen können in Schmerzen oder im Unglück vorstellig werden; es ist an uns, sie zu lesen. Denn Schmerz und Unglück kommen nicht, um zu bleiben, sie sind

Reisende, die uns neue Räume zugänglich machen. In der Zurückgenommenheit wird alles ins Warten Gebrachte und Unvollendete sichtbar. Schmerzen verdeutlichen strukturell etwas Ähnliches. Zudem schälen sie aber auch den Blick, und die Bedeutungen offenbaren sich mit der Zeit des Zuschauens. Was ist echt, was ist wertvoll, was ist wirkliches, ungeschminktes Leben?

Meine rechte Hand ist seit fast fünf Monaten geschwollen. Die Entzündung erzählt vom Ursprung vielfach wiederholter Haltungen, die nun Fehlhaltungen geworden sind, von Ideen und von den Ablenkungen, denen ich mit dem Blick auf die Uhr erliege. Ich habe mir vorgenommen, mich nicht mehr abzulenken. COVID-19 zwingt mich, Rilkes Panther mit der Seele zu lesen. Manchmal stehe ich auf dem Balkon und spüre, wie etwas Uraltes und Schweres von mir abfällt, und ich mache Dinge, die sich in der Schwangerschaft mit meiner Tochter angekündigt haben. Ich fange an mit der Erde zu reden. Mit dem Grün der Blätter. Ich grüße die Bäume wie alte Freunde. Ich zwinkere dem Wipfel zu, der erhaben nach oben verweist, die Stieleiche meldet, kosmisch bewandert, dass der Himmel ihre Erde ist. Ich rede mit der Erde, die mich trägt. Sie sagt, dass auch ich Erde bin und von der Erde gehen werde, wenn es Zeit ist, Abschied zu nehmen. Derweil erlebe ich das falsche Bewusstsein als fehlgeleitete Kraft, die ich aller in Jahrzehnten eingeübten Einsicht ins Schöpferische zum Trotz viel zu stark vom Willen her kanalisiere. In einem Augenblick tiefen Erkennens meiner Lage, in der mir klar wird, dass dieser starke äußere Wille, der mich durch unzählige Stürme sicher zu einem neuen Ort, einer neuen Bleibe, einem neuen Land, einem neuen Menschen manövriert hat, nur die Vorstufe zu einem inneren, allumfassend alleinheitlich entstehenden Willen ist, erreicht mich Post von Carsten. Bevor ich das Buch, das er mir schickt, aufschlage, denke ich an Anna Maria Jokl, ihre „Essenzen" hatte er mir vor Jahren überreicht. Nun erinnere ich mich auch wieder an den alten Holzkleiderschrank in meinem Jugendzimmer. Auch er gehört zu meinen Essenzen, allerdings nun zu den alten, denn mit der Erinnerung an jene Nacht hat die Nacht der Gewalt ihre Gewalt über mich verloren. Der Holzschrank ist immer noch Teil meiner wie überirdisch zupackenden, sich aber nun nicht mehr überschätzenden Hand. Ohne es zu wissen, habe ich das Ungetüm von Möbelstück offenbar über Jahrzehnte hinweg von Stadt und Mensch und von Kontinent und Sprache mit mir herumgetragen, ihn immer wieder vor die Tür meines Lebens gestellt, damit das Messer nicht sprechen kann, das Messer, das die Gewalt der Welt darstellte.

Ich ahne nun, was COVID-19 mir geschenkt haben wird. Seine Spiegelungen sind die verschlossenen

Kammern der Welt, die nun geöffnet werden und gelesen werden müssen. Carsten hat mir ein Buch von Abram Terz geschickt. Schon der Titel „Gedanken hinter Gittern" lässt mich aufhorchen. Als erstes lese ich: „Die Naturgesetze sind ein im Raum und in der Zeit ausgedehntes Wunder. Durch sie haben die Schneeflocken, die Mammute, die Sonnenuntergänge und andere Meisterwerke der Schöpfung die Möglichkeit, länger oder kürzer zu existieren, periodisch zu entstehen, sich zu entwickeln, indem sie einer bestimmten Tradition folgen (Tradition der Erhaltung der Energie, Tradition der Erdanziehung usw.). Die Tradition zerstören kann ein neues Wunder, ein einmaliges oder auch ständiges, das als Gesetz in irgendeiner anderen Welt, Epoche, Periode verankert ist." In der Natur stoße man immer wieder auf die Kunst – ein Gedanke, der mich sofort wieder mit meiner Hand verbindet. Was ist ihre Kunst, die sie im Schmerz äußert? Diese Fragerichtung hat sich mir bisher nicht erschlossen. Jetzt erscheint sie mir als die einzig mögliche Richtung für meine Fragen. Die Architektur der Berge, so Terz weiter, habe die Gotik vorweggenommen. Ist der Schmerz ein Teil dieser in der Natur abgebildeten Arbeit der Verwandlung? Mit der inneren Sonne verbunden, zeigt der Schmerz mir die ganze Zeit über die Blickrichtung des Lebens an. Richtig ist das, was sich bewegt und auch das, was an einer Grenze als Schmerz mündet, denn der Schmerz ist auch Bewegung, ein Ergebnis der Horizontale. Es kann nicht falsch sein, dass etwas wehtut. Falsch ist, den Schmerz ungelesen als Schmerz abzutun, ihm nicht zu erlauben, ein Buch zu sein. Das im Schmerz erlangte Vermögen, sich von der Stille leiten und unterrichten zu lassen, ist die große Schwester des Schmerzes, jene, die ihn überwindet und wieder das Gehen, die Freude an der Bewegung als Sonnenblume im eigenen Geist erlebt. Einmal, vor dem Vermögen, dieser Stille zu vertrauen, sind wir Zeit und werden von der Zeit in die Pflicht genommen. Nach dem Überwinden jenes Zeitmaßes, das die Uhren in immer gleichem Takt und uraltem Rhythmus voranbringt, wird eine andere Zeit offenbar, die den Sprung ins innere Leben ermöglicht. Dann fängt alles an, sich neu zu sortieren, eine neue Anordnung im Denken wird gleichsam von allein vorgenommen. Und das Leben, ohne die Ablenkungen, die vom Falschen, von der Lüge und ihrer Belagerung herrühren, wird sichtbar als Wert. Aus dem Apfelgehäuse des Schmerzes wird eine neue Zeit eingeleitet. Der Schmerz ist ein genauer Kompass und Lotse zu dem, was abgeschält und abgetragen werden kann. Es ist, solange wir leben, nicht alles getan, was die Innennatur uns sichtbar zu machen aufgetragen hat. Zwei Jahrzehnte zuvor noch dachte ich, dass ich Meister Eckharts Satz vom Sich-Lassen so gut verstanden hätte, wie er nur von einem dreißigjährigen Menschen verstanden werden kann. Ich dachte natürlich damals, man lasse sich, und das sei eine einmalige Sache. Sich zu lassen, lerne ich aber jetzt, kann nie aufhören und es kann auch nicht verstanden werden. Das Apfelgehäuse jener wirksameren Zeit verfügt über uns, wir sind dem Kern anheimgegeben, bis er selbst anfängt zu sprechen. Gestern kehrte nach diesem Gedanken eine tiefe Ruhe in mich ein, weil ich wusste, dass der Schmerz in meiner Hand, mit dem ich auch diese Zeilen schreibe, nur dann verwandelt werden kann, wenn ich von nun an nur das tue, was ganz wesentlich meiner schöpferischen Arbeit entspricht – ohne irgendwelche Ablenkungen. Es fühlt sich an, als würde meine Hand mir sagen, jetzt ist die Zeit, in der etwas anderes nicht erlaubt ist, die Hand duldet keine Zerstreuungen. Ich kann des starken Schmerzes wegen jetzt nichts anderes tun als auf das zu hören, was sie mir zuspielt. Das Bild des Palimpsestes schenkt mir einen neuen Norden, eine Himmelsrichtung für meine Hoffnung. Auch wenn in diesem nach innen führenden Abtragungsprozess nichts logisch zu sein scheint, ja sich sogar jeglicher äußeren Logik widersetzt, ist in mir alles in einem inneren Maße wahr, dass es mich erschüttert. Ich denke an die Zeit meiner dalmatinischen Kindheit zurück, in der ich mich von Gott beobachtet fühlte; ich fing an zurückzublicken und fertigte Listen an, in denen alles auftauchte, was Gott in meinem Auge war. Oder war auch das Auge Gott? Jedenfalls schaute mich jenes Auge vom anderen Pol der Welt an und ließ nicht mehr von mir ab. Seine Iris leitete mich in das Reich der inneren Farben. Und der Schmerz führt nun alles zusammen und übergibt der Hand das Sehen. Ohne dass ich es auch nur ansatzweise erwartet hätte, findet mich gerade jetzt ein Satz von Gaston Bachelard, der etwas ausspricht, was meinem sich als Lebensbuch entpuppenden Schmerz-Erleben zuspielt: „Wenn die Poesie die schöpferischen Kräfte der Seele wiederbeleben, wenn sie uns helfen soll, unsere natürlichen Träume in ihrer ganzen Intensität und allen Funktionen aufzuwecken, müssen wir verstehen, dass die Hand, ebenso der Blick, ihre Träumereien und ihre Poesie besitzt. Dann werden wir das Poem des Tastens entdecken, das Poem der knetenden Hand." Dürers „Betende Hände" fallen mir sogleich ein, die mich im Nachdenken über die menschliche Hand schon viele Jahre begleiten. Sie sind für mich das Zeichen einer den Widrigkeiten des Lebens abgerungenen Bereitschaft, ganz bei sich zu sein, allem Schweren zum Trotz, das sich unweigerlich im Unterwegssein in den Labyrinthen der Fingerkuppen abgespeichert hat. Ganz anders als bei Dürer sind die Hände des gekreuzigten Christus am Isenheimer Altar; sie sind nicht mehr bei sich, sondern der Welt ausgesetzt, von der Welt gedemütigt, das fließende Blut sind die Tränen des im Leiden verendenden und auf den Schmerz zurückgeworfenen Körpers, der nicht mehr in einem ihn erhaltenden Erdenatem zu sich kommen kann; die an ihm vollzogene Gewalt ist definitiv. Wilhelm Reich hat treffenderweise vom Christusmord gesprochen. Wenn das Wesen des Lebens aber aus dem Atem schöpfende Beweglichkeit ist, dann fordert die schmerzende Hand mich jetzt auf, dieser ins Stocken gekommenen Universalkraft nachzuspüren und im Bewusstsein Pilgerin zu werden, wieder und zum tausendsten Mal innezuhalten, mich wieder einem neuen Augenblick der befreienden Leere hinzugeben und mit dem Geist fragend zurückzureisen – wann wurde die Beweglichkeit eingegrenzt, wann hörte sie auf? Während diese Frage in mir aufsteigt, schenkt sich ein geweiteter Blick und parallel dazu Bestürzung, dass sich eine so wichtige Frage erst jetzt stellen kann.

Offenbar habe ich nach der Geburt meiner Tochter meine gesamte rechte Seite nicht nur als die Seite meiner Schreibhand, sondern als die gebende Seite in allem überbeansprucht, sprich ich habe niemandem sonst Zeit und Raum geschenkt, selbst gebend zu sein, und so habe ich den genauen Blick auf mich selbst und mein immer nervöser werdendes Verhalten verloren. In der Zuwendung zum auf dieser Seite schlafenden Kind, nun schon fast zwei Jahre lang, habe ich, ohne es zu bemerken, nachts das linke Bein zu einem Dreieck wie in der Yogaübung „Der Baum" angewinkelt und zwar so unbewusst, dass der ganze Körper, der auf diese Weise einen Ausgleich suchte, einer permanenten Anspannung und Schieflage ausgesetzt war. Ursprünglich geschah das aber im ersten Moment gleichsam von allein – mein Körper suchte nach der Hitze des Jahrhundertsommers und der sechzehn Stunden währenden Geburt nach Balance. Vor der Geburt meiner Tochter schlief ich immer auf dem Rücken, ohne irgendeine Bewegung in der Nacht zu machen. So wie ich mich hinlegte, wachte ich anderntags auch wieder auf – meine Beschreibung dafür war über Jahrzehnte hinweg: Wie ein Kieselstein auf dem Meeresgrund. Und so fing mein Tag auch für mich an, ich trat ins Bewusstsein wie ins Licht und freute mich, fast, so muss ich es heute sagen, ohne es zu wissen, an der Gesundheit meines Körpers.

Das angewinkelte Bein war nun nicht das Problem an sich, sondern ein freundlicher Versuch, mich auf ein verlorenes Gleichgewicht hinzuweisen. Es hätte mich wundern müssen, aber die Müdigkeit und andere Beanspruchungen ließen mich diese merkwürdige neue Art zu schlafen oder mich im Schlaf als Baum zu positionieren, einfach ignorieren. Durch das Anwinkeln nur des rechten Beines ist die gesamte rechte Hand und vor allem auch die Schulter in Schieflage geraten, die durch das handschriftliche Schreiben mit viel zu festen Stiften zusätzlich und über Monate hinweg verschlimmert worden war, sodass vom Nacken zur Hand eine permanente Schonhaltung entstand und sich am Ende in einem großen

Protest, den ich als Schmerz zu umkreisen versucht habe, der Hand entlud: sie schwoll an, als letztes sprechendes Körpermomentum, als gebündelte Erfahrungszeit – eine Willensbekundung, die das, was Gaston Bachelard als „die schöpferischen Kräfte der Seele" beschrieben hat, nicht mehr verlebendigen konnte. Die Hand glühte förmlich, als hätte sich Feuer in ihr für einen ganzen Stadtbrand abgespeichert. Da dieses Mitsprechen meiner Hände in geistiger Hinsicht für mich lebensnotwendig ist, übernahm diese Hitze, das Element Feuer – mein Löwenelement – für Wochen und Monate die Mitteilungsgewalt. Auch das machte mich fassungslos, und so rang ich zeitweise derart um Contenance, dass ich manchmal nicht mehr um mein Ich oder irgendein Zentrum meiner selbst wusste. So, wie mir zu Beginn der Pandemie die Wörter ihren Dienst versagten und etwa das Wort für Taschenlampe in keiner meiner Sprachen zugänglich war, so verlor ich auch den Bezug zu dem, wer ich selbst einmal (in meiner Vorstellung von mir) gewesen war. Eigentlich ist das eine gute Nachricht, wie ich jetzt weiß, aber am Anfang führte es zu einem metaphysischen Zittern, das mich so lange paralysierte, bis mir Juan de la Cruz und seine Formulierung von der dunklen Nacht der Seele einfiel. Sie kann einen mehrmals heimsuchen, diese Nacht, sie ist tätig in mir, solange ich lebe. Und nun reise ich dem Feuer nach, zu seiner Überbeanspruchung und den Nachrichten seiner Helligkeit, das mir hilft, in der Nacht zu bestehen.

Je mehr der Schmerz mir lesbar wird, desto genauer sehe ich merkwürdigerweise die Welt, in der ich lebe, so, als würde in mir und ihr gleichzeitig etwas Neues möglich werden und sich mir von zwei Seiten der Welt zeigen, von der inneren und der äußeren, damit ich endlich verstehe, dass sie eine einzige Sache sind. Die durch COVID-19 forcierte Verquickung von Schmerz und Verlangsamung allen Tuns bringt einen noch genaueren Blick zutage, der mich wieder an die Kredite für Adidas denken lässt, zu denen Sonja sich im gleichen Empfinden äußert. Auch kommt sie auf den Heiligen Franziskus zu sprechen, der dem usurpatorischen Gebaren der Kirche zum Opfer fiel. Ist der Kapitalismus unsere neue Religion geworden? Wie immer, wenn die Kirche sich das wirklich Liebende, das wahrhaft Bescheidene und Schöne einverleibte, zerstörte sie als Institution zuerst eine Autonomie, die Unabhängigkeit, die alle Mystiker und Mystikerinnen als Einzelwesen unter Schmerzen erobert hatten; diese innere Eroberung, die ohne den Schmerz nicht auskommt, ist das Fundament eines eigenen sakralen geistigen Gebäudes, das der Doktrin äußerer Gottesvorstellungen und Gotteshäuser offenbar als Gefahr erscheint. Das Gleiche geschieht in einem nur nach außen gerichteten Leben. Sonja schickt mir ein Bild zweier Pusteblumen, die die Geometrie des Lebens in sich bergen. Wenn von Franz von Assisi die Rede ist, ist sie als Vogelkundige sofort dabei, und auch ihr fällt schon lange die Pervertiertheit der Konzerne auf. Die durchgängig kommerzialisierte Welt. Die Adidas-Geschichte erinnert sie aber konkret auch an das, was einst der Papst mit dem Erbe von Franz machte: „Er ließ eine Kathedrale über die kleine bescheidene Kapelle bauen und erdrückte meines Erachtens durch den kirchlichen Glanz und die buchstäbliche Übermacht Roms das Wahre des Franz von Assisi." Auch wenn Jahrhunderte vorbeigehen, ist dieses Wahre immer noch in der Welt und Teil eines Horizonts, der nicht aus dem Innenraum der menschlichen Sehnsuchts- und Gedankenwelt zu verbannen ist. Wenn etwas einmal aufrichtig in die Welt gegeben wurde, ist es für immer Teil der Luft, die wir atmen, und wir können darauf zurückgreifen. Ich denke dabei auch an jenen Satz von Mechthild von Magdeburg, der mich schon so lange begleitet und der mich in vielem ermächtigt hat, mir selbst treu zu sein und es zu bleiben: „Die Wahrheit kann niemand verbrennen." Aber die Wahrheit kann man durchaus verdunkeln und mit Giften jedweder Art unterwandern, sie so lange als naiv und unwahr beschreiben, bis sich eine dieser Überschreibungen in den Köpfen aller reflexartig als der erste Referenzraum durchsetzt. Wie wohltuend es ist, nicht zu solcher Art Zeitgenossenschaft zu gehören und sich selbst zu spüren, sich im Nachdenken Zeit zu nehmen, selbst Zeit dabei zu sein, das wird mir in diesen langatmigen Wochen immer klarer. Nicht in Gegnerschaft zu etwas oder jemand zu leben, sondern im Gespür für den eigenen Körper und das eigene Hiersein, das ermöglicht eine in der Langsamkeit verwurzelte Autonomie.

Die Außenwelt baut derweil wieder an ihren großen Bühnen für laute Stimmen. In der Zwischenzeit ist die Zahl der mit Corona Infizierten in der Fleischindustrie gestiegen. In einem Schlachthof in Birkenfeld bei Pforzheim sind weitere vierhundert der etwa tausendeinhundert Mitarbeiter infiziert. Die Verschwörungstheoretiker und solche, die sich ihnen geistig nahe fühlen, scheinen anderen Berufen nachzugehen und von diesen Zahlen unbeeindruckt zu sein. Sie wollen nicht wahrhaben, dass hinter den Zahlen Menschenleben stehen. Nach Adidas und der Lufthansa wird nun auch die Deutsche Bank, die einst mit riesigen Krediten den 45. amerikanischen Präsidenten in seinem Fake-Milliardär-Sein unterstützt hat, von der deutschen Regierung gerettet werden. Muss eine Bank, die derart fernab eines jeglichen Ethik-Kompasses agiert, ausgerechnet im Zeichen der unsere Gesellschaft zusammenhaltenden sozialen Ethik gerettet werden? Das Alte zu erhalten ist in diesem Kontext schlicht: dem abgründig Bösen Kraft zu geben. Dieses Böse muss heute als solches auch benannt werden, denn es ist das verbindende

Element zwischen Lügen, Verschwörungstheorie, Rechtsradikalität und anderen Formen der Vernebelung, die sich in Gruppen und kollektiven Identitäten manifestieren, die sich in Gegnerschaft ausdrücken und eine Schnittmenge mit dem 45. amerikanischen Präsidenten und der einst vorbildlichen Deutschen Bank bilden. Warum ist der alte Status Quo ein Wert an sich? Das Alte ist deshalb alt, weil es nicht mehr neu sein kann. Und in der Geschichte der Menschheit gibt es immer wieder transformative Zeiten, die weltweit das Bewusstsein der lebenden Menschen verändern und das Denken auf einen Neubeginn ausrichten und es weiten. Wird Ahmaud Arbery ein Name bleiben, den wir im Sinne dieses Neubeginns nicht vergessen werden? Sein Tod ist bedeutsamer als die Rettung eines unethisch agierenden Unternehmens. Auch muss der erpresserische Jargon um den Verlust von Arbeitsplätzen endlich aufhören und etwas anderes zur Unterstützung der betroffenen Menschen getan werden, die in Zeiten des Wandels in Not geraten. Warum rechnen wir nicht einmal ernsthaft durch, ob ein bedingungsloses Grundeinkommen, wenigstens zeitweise, ausgeführt werden könnte? Vielleicht finden wir dabei heraus, dass viele Menschen sich verändern wollen und bereit sind, Neues zu lernen. Aber unsere Absicherungs- und Bevormundungssysteme halten sie zumindest stellenweise davon ab, einen neuen Schritt zu wagen.

Es ist falsch, die Kraft der Wandlung einzudämmen oder ganz zu unterdrücken. Allein das Erspüren der Gegenwart, heißt es einmal bei Boris Pasternak, sei Zukunft: „... und die Zukunft des Menschen Liebe." Deshalb wohl konnte er auch sagen, dass ab einem gewissen Punkt der Weg, den wir gehen, zur Schwelle wird. COVID-19 ist eine kollektive Schwelle und ein schon geöffnetes Tor in einem. Die Öffnung zu etwas Neuem und Unbekanntem hängt vor allem von der Sprache der Integrität ab und wird früher oder später als Sein sichtbar, in dem Sinne, in dem Hans-Georg Gadamer schrieb: „Sein, das verstanden werden kann, ist Sprache." Der Wunsch, bloß nur das Alte zu erhalten, hindert alle, die einen Beziehungsraum teilen, daran, sich in einem wahren Seinsraum zu entwickeln und im wahrsten Sinne des Wortes über sich hinauszuwachsen. Andererseits war jedes Alte immer auch einmal das Neue, und es fällt uns schwer, es hinter uns zu lassen und es nur mit dem Rücken anzusehen, denn der Rücken hat auch Augen. Die Chronologien sind starke Gewichte. Die Bedürftigkeit der horizontal ausgerichteten Augen ermöglicht aber kein neues Schauen, sie kann nur das sehen, was ihr bekannt ist – das Suchbild. Unterdessen steht schon das Merkbild in der Welt und wird (im wahrsten Sinne des Wortes) nicht wahrgenommen. Aber der Rücken vermag anders zu sehen. Er hat ein eigenes Vermögen, das sich jenseits der beweisbaren Zeit zurechtfinden kann; die Rückenaugen sind mit dem Wunder vertraut; das Wunder liebt die kreisförmige Zeit, die von der Vertikale gespeist wird – etwas schießt als Idee und Blitz in uns ein, wird Kraft, fordert Wirklichkeit, und wenn wir mitgehen, geschieht alles von allein – das heißt, etwas Neues wird übermittelt, als Gedanke, als Funke, und das zu ignorieren braucht mehr Energie, als es in eine Handlung, einen Satz, eine neue Sichtweise umzusetzen.

Mir kommt hierbei eine umstürzlerische Erfahrung in den Sinn, die meinem Leben vor über zwanzig Jahren eine ganz neue Sinnrichtung gab. Ich lebte in Paris und stromerte in den Wäldern um Meudon-Val-Fleury herum, die auch Marina Zwetajewa gekannt hat. Erst jetzt fällt mir auf, dass sowohl in ihrem einstigen Lebensort als auch in ihrem russischen Namen die Blume, *cvetok,* steckt, und ohne dies damals gewusst zu haben, suchte mein vom städtischen Leben ertaubter Blick immerzu nach Blumen, als könnte etwas durch ihre Erscheinung neu erwachen oder wieder ins Farbenleben treten. Ich fühlte mich auf eine eigenartige Weise von den Blumen gesehen, so, als ginge etwas in mir türgleich auf und öffnete dabei einen Raum, der dieser trostreichen Blumenverwandtschaft, aus dem Unsichtbaren kommend, Rechnung trug – eine Art farbige und der Form entsprechende Geometrie, die wohltuend war. Eines Tages vergaß ich, den Blumen vom Bahnhof in Meudon-

Val-Fleury folgend, mich zu orientieren, landete in einem großen Wald und kam einige Zeit später märchengleich an eine Kreuzung unter großen Bäumen, die wie Heilige zurückzuweichen schienen, um mir, wie es mir durch den Kopf schoss, die Wahl meines Weges zu lassen. Es war wie in einem Traum. Ich spürte einen Sog, der mich gewahr werden ließ, was ich getan hatte. Zurück, wo ich hergekommen war, wollte ich aber nicht; nach vorne konnte ich noch nicht, denn ich wusste nicht einmal, wo sich dieses „vorne" überhaupt befand. Die Richtungen schienen sich in meinem Unterwegssein selbst abgeschafft zu haben. Ich stellte mich abwechselnd an alle vier Wege, und plötzlich wusste ich nicht mehr, wo ich überhaupt hergekommen und wo der Bahnhof war. Angst schnürte mir die Kehle zu, wie sollte ich wieder nach Hause finden, fragte ich mich blitzartig und wusste schon da, dass mein Zuhause nicht in Paris war, sondern sich in diesem Moment, abhängig von meiner Entscheidung, neu kostümierte – es entwarf sich gerade in irgendeinem anderen Winkel der Welt für mich und würde sich mir bald offenbaren. Ein vertieftes Vertrauen lenkte mich ab diesem Augenblick, und ich ging einfach los, schaute zwar immerzu nach Lichtungen, aber zum ersten Mal in meinem Leben überwog in mir ein mich leitender Gedanke der Zuversicht, dass der Weg mich kennt und dass ich ihn nicht zu kennen, sondern nur zu gehen brauche, um dort anzukommen, wo etwas Neues auf mich wartete.

Und so war es auch. Als ich in einem kleinen Ort ankam, traf ich auf eine uralte Frau, die sich gerade in jenem Moment verirrt hatte, in dem ich aus dem Wald trat und vor ihr stand. Sie sah hilflos aus, ein bisschen verwahrlost, und ich fragte sie, ob ich ihr helfen könne. Ich brachte sie auf ihren Wunsch hin zu ihrem Haus, wusch ihr die Füße – erst dort fiel mir auf, dass sie keine Schuhe trug – und zog sie an, ich kochte ihr Tee und verabschiedete mich wie von einer Verwandten von ihr. Sie war zufrieden, ihre Küche, ihre Eingangstür, ihr Bett, alles war wieder in greifbarer Nähe. Wie alle alten Menschen rührte sie mein Herz zutiefst, auch weil sie, so sagte sie es, niemanden hatte, der sie besuchen kam. Ich ging wie im Traumleben von ihr weg, sehr langsam, noch einmal drehte ich mich nach ihr um, sie winkte mir, Vögel folgten mir leise nach, während ich dem Verlauf der kleinen, baumgesäumten Straße vertraute und schließlich, wie von einem inneren Kompass geleitet, vor dem Bahnhof stand, in dem Züge nach Versailles fuhren. Aus der Königsstadt fand ich zurück nach Paris und wusste, dass ich bald fortgehen und nicht mehr hierher zurückkehren würde. Es war ein viel zu gefährlicher Ort für mich. Wenn man in Paris nicht für immer bleiben will, muss man schnell wieder gehen. Das gilt bis zu einem gewissen Grad auch für alle unsere herausfordernden psychischen Orte, wir wissen nur zu gut, was uns beschützt und was uns hilft zu leben und auch – was uns zerstört. Manchmal muss man aber an die äußerste Grenze kommen, um sich gegen die Zerstörung und für die Hoffnung zu entscheiden. Ich packte bald darauf meine Koffer und verabschiedete mich von Frankreich, das wie eine Briefmarke in mir abgespeichert war, die mich nun in meine Zukunft schickte. Und schon war ich auf dem Weg. Jene von sich aufgekommene Initiation ins Neue wurde ein Urbild des Anfangs und des Neubeginns in mir. Diese Erfahrung war so stark, dass sie die Erinnerung an alle Gefahr auslöschte und mich auf neuen Wegen leitete. Mein Sehen wurde genauer. Im Sinne dieses damals in mir entstandenen Urbilds übe ich noch immer, wie ich neu beginnen kann, wenn das Leben sich meiner als Erde bedient, deren Kontinente der Sprache harren. Wie geht eigentlich dann das helfende Vergessen? Seit jener Kreuzung weiß ich, dass die Flüchtigkeit der Augenblicke nur deshalb flüchtig ist, weil wir es nicht gestatten, die Kreuzungen sprechen zu lassen und nicht wissen, dass die Wege uns wirklich kennen. Auch, so hat es einmal Moshé Feldenkrais in seinem Buch „Das starke Selbst" festgehalten, sollten wir uns nicht bemühen, das Vergangene zu vergessen. „...man kann, was war, nicht vergessen, ohne zugleich auch sich selbst auszulöschen. Man kann meinen, diese oder jene unerwünschte Einzelheit vergessen zu haben, aber irgendwo ist sie unserem Körper eingeprägt. (...) Was war, lässt sich nicht ändern, wohl aber unsere Einstellung dazu. (...) Wenn Sie gelernt haben, die Vergangenheit zu akzeptieren und Ihren Frieden gemacht haben mit ihr, dann wird sie Sie in Frieden lassen." Stillstand des Reifungsprozesses ist der Gesundheit hinderlich, was nach Feldenkrais auf vielen Ebenen menschlicher Tätigkeit gültig ist. Mit dem Willen allein sprechen die Kreuzungen nicht, nur das Rauschen der inneren Wälder weiß, wie wir dem Wind folgen können, der uns das freiere Selbst offenbart. Solange der Wind aber nicht geht, nicht spricht, nicht da ist, schaden wir uns mehr im Wollen, als wir im Zuwarten erreichen können. Deswegen halte ich jetzt inne, setze mich hin und atme durch, wenn ich beginne, mich auf ein Ziel auszurichten, das ich schnell erreichen möchte. Manchmal denke ich, dass das Ziel sich uns immer entzieht, sobald wir es anvisiert haben, dass es deshalb auch immer verschwindet und ein neues Ziel auftaucht, das wir wieder anvisieren und nie erreichen, weil es in der Natur des Pläneschmiedens liegt, dass uns alle Pläne ausgetrieben werden.

Die allabendliche Pantherzeit auf meinem Balkon neigt sich langsam ihrem Ende zu. Sie lehrt mich, dass ein Gedanke, den ich vor vielen Jahren blitzartig an jener Waldkreuzung in Frankreich empfangen hatte, nun in den Windbereich meines Geistes eingetreten ist: Ich begreife, wie ungeschützt ich bin, wie wenig mir zusteht, dass ich nichts verlangen kann, mich nicht wehren kann gegen die Summe, die Dauer und den Ablauf der Erfahrungen. Und doch, obwohl ich diesen Satz bis in mein innerstes Wesen aufgenommen und seine Bedeutung für mein Leben verstanden habe, sah ich mir jahrelang geradezu täglich dabei zu, wie ich immerfort gegen etwas oder jemanden aufbegehrte, oftmals mit einer Wucht, als müsste ich jedes Mal, wenn ein Widerstand in mir auftauchte, einen Berg oder Gott selbst zur Seite schieben, um weiteratmen zu können. Erst jetzt, da ich um den Schrank, die Arbeit der Hand in jener Nacht wirklich *weiß*, um die wiedergefundene Erinnerung an jene Stunde, in der mein Vater das Messer in der Hand trug, betrunken und von sich selbst entfernt – erst jetzt verstehe ich, warum mir das innere Verstehen nicht vollständig zuteilwerden konnte und meine Hand sich immerzu ins Spiel bringen musste. Jetzt, da all das in mir ein lesbares Buch geworden ist, kommen von überall her Gedanken anderer zu mir, die das geheime Leben der Hand betreffen. Goethe hat (auch dazu) etwas gesagt, jetzt findet das Gesagte mich in einem Buch mit dem Titel „Im Anfang war die Hand": „Das Intelligenteste am Menschen ist nicht der Kopf, sondern die Hand." Ein paar Wochen noch vor dem Ausbruch der Pandemie hätte mir dieser Satz natürlich gefallen, aber nun spiegelt er sechsundvierzig Jahre meines Lebens, nun ist er also mein Leben geworden, gebündelte Essenz eines Weges, der mich an eine neue Kreuzung und zu neuem Sehen bringt. Das kann mir nicht mehr einfach nur *gefallen*. *Ich liebe es* mit meinen Fingerkuppen und den in sie eingezeichneten Labyrinthen, in denen jetzt meine unbegangenen Wege sichtbar werden können, die auf mich gewartet haben – den Zeichnungen der bereits von der Natur getätigten Wirkkraft folgend, die da meiner harrte, auf mich wartete, geduldig da war, alle Tage meines Lebens. Denn nun sehe ich, wie unbeirrt meine Hand sich meinem Kopf über Jahre hinweg widersetzt, wie sie ihre Intelligenz meinem Widerstand zum Trotz beibehalten und einfach weiter *gesprochen* hat, zu meinem Kopf und zu meiner Erinnerung, und als nichts mehr half, musste sie zur Verdunkelung und Trauer greifen, zu jener dunklen Nacht der Seele, in der alles neu gewendet und in dunkelstes Schwarz getaucht wird, bis auch der Kopf seine Richtung des Denkens ändert. Wie in der Malerei steht die Farbe Schwarz in unserer Seele im Gegensatz zu, wie es bei Max Raphael heißt, „Mannigfaltigkeit und Kleinteiligkeit (und) bildet einen neutralen Grund, weil es der Grund des Absoluten ist, das alle Inhalte in sich trägt, obwohl es keinen zur Erscheinung kommen lässt. Das Schwarz hat die Weite der Unbestimmtheit, der Allbestimmtheit. Es scheint als sei die Einheit aller bestimmten Inhalte schwarz." Ein schwarzes Bild sei wie eine dunkle Nacht, an die das Auge sich gewöhnen müsse. So auch sieht mein inneres Auge auf die Verdunkelung der Seele, die im Rückzug während der Pandemie den unbekannten dunklen

Raum noch strenger als sonst zunahm und mich so zwang, mein Sehen an sie zu gewöhnen, bis sich langsam andere Bilder, Nerven, Sätze, Zusammenhänge zeigten, und meine innere Hand sprechen und in ein Gespräch mit der äußeren Hand treten konnte. Nun hat sie das größere Bild, in dem all das wohnte, was sich mir in der Nacht zeigte, erweitert, und meine Hand ist vollständig, Mittlerin zu allen Händen, die ich je geliebt, tief wahrgenommen habe, auch zu Händen, die mich schlugen, die zuschlugen und um sich schlugen, zu Händen, die sich selbst abhandengekommen waren und nun über das Zuschlagen versuchten, wieder ihrer selbst habhaft zu werden. Meine Hand zeigt mir auch, dass mein Leben aus den Menschen meines Lebens besteht. Alle Menschen, die wir sehen, mit denen wir in Berührung kommen, die wir umarmen, mit denen wir uns streiten, die wir nicht lieben können, die wir über alles lieben – alle, absolut alle sind das, was wir unser Leben nennen. Gerade jene, die wir nicht in unserem Leben haben möchten, die wir nicht ertragen, erzählen uns etwas Wichtiges über uns und stehen für etwas, das in uns selbst lebt und das wir nicht fühlen könnten ohne die Störung, die sie in uns verlebendigen. Es geht dabei nicht um diese Personen, es geht um die Schnittmenge, die sie uns zutragen, um eine Mitteilung, die uns miteinander verbindet. Diese Menschen kommen, um zu gehen. Wir sollten sie nicht mit der Sache, die zu uns durch sie spricht, verwechseln. Ich bin ihnen unendlich dankbar. Sie sind die Übermittler der Wahrheit, die ich nicht alleine finden konnte. Nehmen wir Abstand von Gegnerschaft, schält sich ein neuer Innenraum frei. Ich habe in diesen Momenten des Neuwerdens gelernt, Fragen zu stellen nach der größeren Freiheit. Das Bedürfnis, den anderen und nicht uns selbst zu verändern, ist so stark, dass es uns von einem genauen Blick auf uns selbst abhält. Wenn das richtig ist, was ich selbst als richtig empfinde, dann nur durch das, was ich selbst zu leben vermag – macht es mich innerlich friedlich, ist es ein guter Weg. Und ist am Ende nicht jegliches Ändernwollen eines anderen Menschen der unbewusste Versuch, etwas in sich selbst zu vermeiden, das genauso getan werden kann? Wenn etwas zu ändern ist, dann ist es nur in uns selbst zu ändern und wird dann und dadurch Teil der Welt. Dennoch gibt es Momente, in denen es auch wichtig ist, die eigene Redlichkeit in der Stimme auszudrücken und etwas zu sagen, das beispielsweise eine klare ethische Position formuliert. Alle anderen Korrekturwünsche im Sprach- und Denkraum anderer Menschen bauen in uns selbst eine metallische Sperre im Kopf, vor allem aber im Herzen, und so entsteht eine archetypische, schlangenglitschige narzisstische Weiche in der Seele – oder genauer: vor der Seele; die nun nicht mehr sprechen kann. Das Tor zur inneren Führung wird so von der Schlange bewacht, die Streit und Zwiespalt in uns fördert. Sie ist in meiner inneren Bildwelt als eine furchterregend wahre innere Figur aufgetaucht.

Ich habe diese Schlange vor ein paar Tagen in mir gesichtet. Sie sah unheimlich schwarz aus. Etwas war anders als früher, wenn ich in Versenkung und Stille tief in meinem Inneren den Aufruf empfunden habe, zuzupacken und das Reptil eigenhändig aus meinem seelisch-geistigen Handlungsraum zu entfernen. So dachte ich, dieses Mal das Gleiche mit der schwarzen Schlange tun zu müssen. Als ich die pechschwarze und zutiefst unangenehme, ja gebieterisch-unheilvoll glitzernde Schlange aber mit meinen inneren Sinnen anfassen und aus mir herausbefördern wollte, sah ich noch eine zweite, kleinere, die bei ihr in aller Stille wohnte. Über diese zweite erschrak ich fast noch mehr, weil sie so unauffällig, so leise war. Sofort horchte bei ihrem Anblick etwas in mir auf, und ich vernahm die Anweisung, weder die eine noch die andere anzufassen, ihr nichts anzutun, sondern sie bloß streng hinauszubitten, doch mich nicht in ihr Tempo einzumischen, ihnen also selbst die Geschwindigkeit des Abschieds zu überlassen und an keiner Stelle einzugreifen. Ich wartete ab. Die Schlangen waren langsam, gingen aber ohne mein Zutun weg – es war Zeit für diesen Fortgang. Ein großer Frieden machte sich danach in meinem Körper bemerkbar. Wärme stieg von den Füßen nach oben auf, es war, als hätte ich jetzt endlich die richtige

Verbindung zur Erde aufgenommen, oder richtiger, als hätte die Erde mich als ihresgleichen erkannt, um mich nun mit dieser wahren, freundlich-vulkanischen Kraft zu versorgen, die mir in der Entzündung der Hand schon in schmerzhafter, unharmonischer und fehlgeleiteter Form begegnet war. Als die Schlangen weg waren, zitterte ich vor Ehrfurcht und Grauen. Aby Warburgs Reisebericht „Schlangenritual" zu den nordamerikanischen Pueblo-Indianern fällt mir jetzt ein. Darin wird von einem Tanz erzählt, in dem die Schlangen ohne Anwendung von Gewalt gebändigt werden. Wie bei ihm beißen auch bei mir die Schlangen nicht zu, sondern zeigen sich als in Bewusstsein umgewandelte Botschafterinnen.

Als ich mich wieder gefasst hatte, kam mir aber zuerst Teresa von Avila in den Sinn, die von Reptilien gesagt hat, sie würden bis zu einem bestimmten Zeitpunkt unbemerkt von unserem Bewusstsein symbolisch in uns leben, ein Gedanke, der, seit er mir bekannt war, schreckeinflößend war wie auch meine Vorstellung aus der dalmatinischen Kindheit, dass der in der Kirche gepriesene Gott alles in mir sieht und ich eine Art offenes Buch für ihn bin. Das jetzige Erschrecken aber, solch ein dunkles Reptil gesehen zu haben, das mich schwellenartig bewohnte, erinnert mich nun auch an das Traumdeutungsbuch meiner Mutter, in dem ich zum ersten Mal das Bildnis des Teufels sah. Ich war so erschüttert darüber, dass eine Art Erfrierungszustand von meinem Denken

Besitz ergriff. Beim Erlebnis des Schlangenabschieds aber öffnete sich mein Bewusstsein, auch mein Denken wurde von einer neuen Wärme durchflutet, so als sei es erst jetzt, in einer weitgefächerten Freundlichkeit, wirklich geworden. Gleichzeitig sehe ich nun jedes Mal, wenn ich draußen unterwegs bin, dass sich während des Lockdowns eine neue Zugewandtheit zwischen den Menschen, neue sanfte Formen der wohlwollenden Kommunikation bemerkbar machen. Geduld und Zuwarten, nicht mehr die alte Eile. Etwas Achtsames und Genaues entsteht in mir im Kontakt mit den anderen Menschen, in Drogerien, beim Optiker, im Vorbeigehen, so als würden jetzt nicht nur der Mund, sondern der ganze Körper einander grüßen.

Gestern, nach zwei Monaten allabendlicher Lektüre des Panthergedichtes auf dem Balkon, habe ich das letzte Mal Rilkes Weisheit zur Stimme verholfen. Es gibt einen inneren Panther in uns. In mir jedenfalls hat es ihn während des Lockdowns gegeben, der sich zeigen konnte, weil er auch im Außen eingesperrt war. Das Gedicht hat all die Wochen nur noch an Kraft gewonnen, mit jeder Zeile, mit jedem lautgesprochenen Wort, hat es sich tief in mich abgelegt und seine Wirkung entfaltet. Der Panther befreit sich langsam aus seinem Zustand des Eingesperrtseins. Aber die Pantherzeit greift tief, liebkost auch die Tiefebene, die Hans Blumenberg einmal mit der Geschichte in Verbindung gebracht hat. In einer Zeit, in der die Menschen wieder anfangen, einander zu achten, erlaubt gerade jetzt in Ungarn die Unterwasserströmung eines alten Hasses gegen das freie Leben ein neues Gesetz. Ungarns Parlament hat gestern beschlossen, dass die Rechte von Trans-Personen und intersexuellen Menschen stark eingeschränkt werden sollen. Das im standesamtlichen Personenregister festgehaltene biologische Geschlecht, das dort nach der Geburt eines Kindes, wie überall sonst auch üblich, eingetragen wird, darf später nicht mehr verändert werden. Warum sind für Ungarn gerade diese Menschen, die sich in einem wichtigen Prozess der frei gewählten Selbstwerdung befinden, so gefährlich und bedrohen die Vorstellung von Identität, die doch den Betroffenen selbst etwas gibt und niemandem sonst etwas wegnimmt? Und nun ist nach Ahmaud Arbery, der als unschuldiger Jogger ums Leben kam, wieder ein Schwarzamerikaner ermordet worden. Seinen Namen werden wir nicht vergessen. Sein Name ist George Floyd. Sein Name ist George Floyd. Sein Name ist George Floyd. Sein Name ist George Floyd. Sein Name ist George Floyd. Sein Name ist George Floyd. Sein Name ist George Floyd. Sein Name ist George Floyd. Sein Name ist George Floyd. Sein Name ist George Floyd. Sein Name ist George Floyd. Sein Name ist George Floyd. Sein Name ist George Floyd. Sein Name ist George Floyd. Sein Name ist George Floyd. Sein Name ist George Floyd. Sein

Name ist George Floyd. Sein Name ist George Floyd. Ich schreibe zwanzig Mal diesen Satz mit George Floyds Namen in diesen zwanziger Jahren, die mit seinem Tod beginnen. George Floyd, das Corona-Zeitalter hat Dich sichtbarer gemacht als alle anderen und unzähligen Opfer rassistischer Gewalt vor Dir. Dein Tod hat das bewirkt, was unzählige andere vorher nicht gezeitigt haben: Weltweit stehen Menschen auf und wollen diesen systemischen Rassismus nicht mehr hinnehmen. Deinen Namen werden wir nicht mehr vergessen können. Es ist nicht mehr möglich, Deinen Namen zu vergessen. George Floyd, ich gedenke Deiner hier in meinem Berliner Zimmer mit Blick auf die Hortensie, die mir Janine gebracht hat, George Floyd, vielleicht siehst Du mich und die Hortensie und Janine und uns alle, George Floyd, mögest Du in Frieden ruhen, möge das Leben, das Du gelebt hast, in uns weiterleben, möge der letzte Ruf, den Du als Mensch auf dieser Erde getan hast, als Du nach Deiner Mutter riefst, alle Menschen berühren und der Ruf des Lebens sein, der uns, die wir hier noch sind und Dein Erbe als Offenherzige angetreten haben, nachhaltig verändert. Möge Dein Tod der Anfang eines neuen Denkens werden.

In einer Ausnahmesituation wird die Freiheit auf ihre Tiefe hin abgeklopft. Wie ist sie beschaffen? Was ereignet sich in diesem geistigen Raum, den wir für uns beanspruchen – und was tun wir, um ihm in

Integrität zu begegnen? Das Gedächtnis gehört den Verletzlichen, weil sie das Wagnis auf sich nehmen, in ihre Fragen hineinzuleben und sich auch den bittersten Schmerzlandschaften der Vergangenheit zu stellen. Diese zu verwandeln ist uns aber nur dann gegeben, wenn wir vom äußerlich starken Gehabe abrücken und in jenes Bewusstsein eintreten, das uns in unserer Vollständigkeit atmen lässt; darin ist auch alles Verletzliche enthalten. Menschen, die ihr Bewusstsein als Ort begreifen, können diese innere Geografie nicht nur sehen, sondern auch gestalten und sie im gleichen Atemzug in der Außenwelt erkennen, lesen und benennen. Für mich ist dieser schöpferische Vorgang undenkbar ohne die schöpferischen Menschen, die dem eigenen Denken über die Zeiten hinweg zuarbeiten, es herausfordern und auch lange nach ihrem Tod in ihren Werken eine Art Bewusstseinsschneise hinterlassen, die wir abtasten, abwandeln und in etwas Neues, zum Beispiel in einen neuen Weg oder Blick umleiten können. Das Bewusstsein ist wie die Geschichte, die Hans Blumenberg als „Tiefebene" bezeichnet, eine Landschaft. Was sich hier ereignet, spielt für die gesamte uns umgebende Natur aus allen Perspektiven, die wir auf sie einnehmen, eine Rolle. Träume des Menschen in einer bestimmten Zeit etwa sind mit dieser Tiefebene verbunden und sprechen so zu uns. Was träumen die Menschen heute in Ländern, in denen neue Gesetze einschränkend auf sie wirken? Was machen Restriktionen grundsätzlich mit uns? Ich frage das auch mich selbst, weil ich weiß, dass der Mensch immer einen Weg findet, sein Inneres auszudrücken, nur darf er sich nicht selbst vergessen. Bleibt er Leser seiner selbst, ist die Gefahr, dass äußere Restriktionen auch sein Inneres ergreifen, geringer. Es gibt einen Geist der Sinne, der die Zeit überdauert, der sie gestaltet und wie ein Unterwasserstrom beeinflusst, bis sie neu wird und eine Zeitenwende wie die unsere da ist. Da der Europäer ein Mensch mit Erinnerungen ist, obliegt ihm gerade jetzt die Aufgabe einer Bewusstseinsarbeit, die seine schöpferischen Menschen, in denen Stefan Zweig das Fundament einer freien europäischen Welt sah, uns vorausgehend mitgestaltet haben. Um eben jenen Geist der Sinne, von dem ihre Wahrnehmung abhängt, neu zu spüren und ihn sichtbar zu machen, ist es unvermeidlich, neue Wege abzuschreiten und wahrhaft ein Erdenbürger zu werden, der im Kosmos beheimatet ist. Dieses geistige Urmomentum Europas ist ohne das schmerzverzahnte Leben all jener nicht denkbar, die rechtbesehen erste Europäerinnen und Europäer waren, als die Barbarei Nazideutschlands sie unfreiwillig auf den Weg ins Anderswo oder auch auf der Flucht in den Tod führte. Hannah Arendt und Walter Benjamin gehörten zu ihnen. Beide haben sich durch ihre geistige Offenheit und Unbeirrbarkeit im eigenen Denken nicht nur einen Platz in der Geschichte der Intellektuellen dieser Welt erobert, sondern auch in den ihnen innerlich nachfolgenden Menschen, die sich das Denken und das Wissen um die Arbeit des Urgrunds nicht nehmen lassen wollen, auch wenn heute die Einflüsse der freiheitsfeindlichen politischen Parolen genau das versuchen. Die Magnetismen der Lüge arbeiten dem destruktiven Vergessen zu. Sie können das aber nur tun, weil in jenen, die die Lüge als Wahrheit aufnehmen, eine dem Gedächtnis abgewandte schale Leere vorhanden ist, das heißt, weil das Bewusstsein der Lügenden so beschaffen ist, dass es die Lüge nicht erkennt. Die Lüge ist mit sich selbst identisch. Dennoch spricht das Gewissen immer mit, nur ist es ferner gerückt, es ist leiser. Festgefügte Identitäten fordern heute nicht nur das europäische Bewusstsein heraus, wie es noch vor fünfzig Jahren der Fall war, sondern das der ganzen Welt. Hannah Arendt schrieb nach dem Zweiten Weltkrieg über die assimilierten Juden als „Irrfahrer", „die im Unterschied zu ihrem großartigen Vorbild Odysseus nicht wissen, wer sie sind und die sich weigern, ihre Identität beizubehalten." Diese aus der Not aufgekommene Weigerung, sich auf einen Singular reduzieren zu lassen, hat heute aber für alle Menschen weltweit (und das zeigt auch die Anziehungskraft Europas als Projektionsfläche für ein besseres, ein anderes Leben) und auf eine besondere Weise für die Europäer selbst an Dringlichkeit gewonnen. In ihrer eigenen Sprache tragen auch die für uns als Katastrophen wahrnehmbaren Entladungen der Natur bei, neue Formen des

Miteinanders und der Gemeinschaft zu suchen und uns als in Einheit lebende Wesen zu verstehen. Odysseus konnte bei seiner Rückkehr in die von ihm zurückgelassene Welt nicht damit rechnen, am alten Lebensort wiedererkannt zu werden. Ist der Neubeginn nicht allein so denkbar? Und zwar für alle Beteiligten, auch für jene, die nur innerlich reisen und jenen Außenreisenden begegnen, weil die Welt, in der wir leben, den Reisenden aller Couleur sei Dank, für immer mehr Menschen als Einheit wahrnehmbar wird. Vielleicht kann man mit Hilfe des helfenden Vergessens, wer man eigentlich ist, radikaler oder genauer dem Lauf der Lügen folgen und sehen, was falsch ist und an welchen Stellen wir selbst die ethische Folgerichtigkeit unseres eigenen Denkens unterwandern. Es ist vom geistigen Standpunkt aus betrachtet lebenswichtig geworden, Fragen zu stellen, einfache und komplexe Fragen – auch sehr logische Fragen wie diese: Warum erhält die Firma Adidas, eines der weltweit reichsten Unternehmen, einen Kredit in Milliardenhöhe auf Kosten aller, die das demokratische System ausmachen, und weshalb kaufen wir billiges Fleisch, das einem Menschen aus armen Verhältnissen beispielsweise in Rumänien nichts anderes als eine sklavenähnliche Existenz aufzwingt? Wie sehen wir auf Tiere? Warum sind die Tiere uns derart untertan, dass unsere gesamte Verachtung sich an ihnen entlädt? Die Welt im Lockdown durch COVID-19 hat uns gezeigt, wie verletzlich wir sind, und diese Achillesferse ist unser höchstes Gut – wir sind ausgesetzte, und wir sind schmerzempfindliche Wesen, und so sind wir im Glück und im Unglück mit allen Lebewesen und mit der uns umgebenden Natur, die auch ein Lebewesen ist, verbunden. Unsere Gleichgültigkeit macht uns zu Komplizen einer falschen Welt. Deshalb ist der Verzicht ein guter Lehrer, der auch zeigt, wie viel wir für selbstverständlich halten, was uns aber nur in einem geteilten Leben und in einer mitfühlenden Gemeinschaft zusteht. Walter Benjamin hat einmal geschrieben, der Erwachsene könne gehen – „aber eins kann er nicht mehr – gehn lernen." Von den Verletzlichen, Armen und Kranken geht aber genau jene Kraft des Neubeginnens und des Werdens aus, auf die wir uns ausrichten können, nicht um etwas bloß nur intellektuell zu erfassen (die Zeit, in der uns solcher Luxus möglich war, scheint vorbei zu sein), sondern um einander beizustehen und unsere Sprache genauer werden zu lassen, während wir Anfänger unserer selbst werden. Unsere Sprache spiegelt unseren Blick. Unser Blick spiegelt unser Mitgefühl. Unser Mitgefühl offenbart unser Herz. Unser Herz ist der Kern unseres Lebens. „Das Kind geht nach hinten so selbstverständlich wie nach vorn", so Walter Benjamin. Vorne ist seine Zukunft, hinter ihm die Vergangenheit, die es in einem winzigen Augenblick des Umdrehens miteinander verbindet und in innere Zeit – in es selbst – überführt. Der

Raum wird Zeit, und beides spricht zum Kind als Einheit. Sehen in diesem Sinne, dass auch der Rücken Augen bekommt, das kann immer nur der einzelne Mensch – Institutionen neigen stets dazu, den Menschen bloß zu verwalten. Wenn der so absorbierte Mensch sich darauf reduzieren lässt, nur der verwaltete Mensch zu sein, dann ist eine Gleichgültigkeit gegenüber allem Lebendigen keine Überraschung mehr. Bleibt aber der Einzelne einer, der bereit ist zu lernen und in seiner eigenen inneren Zeit zu leben, bereichert er gleichsam von allein das Außen und seine Umwelt und erlebt die Fülle des Seins als fortwährender Rückkehrer zu sich selbst, der Odysseus gleicht und der gerade deshalb genauer sehen kann, weil er am Alten nicht festhält und das Alte ja ohnehin schon längst nicht mehr da ist und das Neue erst entsteht. Augen, innere und äußere, sind von besonderer Bedeutung für eine Welt, die aus dem Gleichgewicht geraten ist. Eine Zivilisation verdient aber wohl nur dann ihren Namen, wenn sie sich wenigstens um Gleichgewicht bemüht und sich zumindest darin Rechenschaft ablegt, dass sie dabei scheitert und auf Sklaverei jedweder Art nicht zu verzichten bereit ist. Eine geschärfte Wahrnehmung kann dabei helfen und uns zeigen, dass das Leiden und die Not an Europas Grenzen und überall dort, wo wir andere nicht unterstützen, sondern zu dinggleichen Rändern in unserem Kopf degradieren, keineswegs nur Metaphern sind. Wer möchte in seiner Ausgesetztheit bloß eine Metapher oder nur ein Symbol sein? Das Leben ist keine Metapher, es ist auch nicht nur ein Symbol. Es ist heilig. Gerade jetzt zeigt uns der Tod, dass es die innere Landschaft des Lebens gibt, dass der Urgrund des Seins wirksam ist und dass das Leben zu uns allen als ein geschenktes spricht.